AQUARIUS

AQUARIUS

Catcher

一如《麥田捕手》的主角，
我們站在危險的崖邊，
抓住每一個跑向懸崖的孩子。
Catcher，是對孩子的一生守護。

誰讓孩子變成失控小惡魔？

從情緒管理開始，教出講理好孩子

心理治療所所長 **王意中**

最實用的情緒能力教戰手冊

周育如／新竹教育大學幼教系助理教授

如果大家還記得的話，九〇年代台灣的企業界與教育界曾掀起一陣EQ旋風，當時人們開始體認到，要追求成功，除了IQ以外，理解和處理自己情緒的能力似乎更為重要；到了近幾年，「正向心理學」或「快樂學」再度成為新的顯學，越來越多人發現，成功未必帶來快樂，如何擁有更好的情緒品質成為現代人共同關注的議題。

事實上，隨著認知神經科學的進步，過去心理學上透過實驗、測試作業或回溯方式進行的情緒研究，目前已可以經由儀器的協助，直接看到情緒經驗在腦部引起的變化，而這些研究共同指向重要的發現：童年的情緒經驗對個體認知、社會及人格發展都有極重大的影響！由於兒童及青少年時期正是腦部發展的重要時期，此時獲得的學習經驗和習慣將成為腦部的內建運作機制，因此，情緒能力不再只是成人或企業界為了追求卓越或更好的生活品質才需注意的議題，而是在兒童及青少年成長的過程中，就必須被關注且細心教導的的重要課題。

我國的教育向來不重視情緒及情感教育，孩子只學英數理化而不學情緒管理，而華人文化更是重認知而貶抑情緒，「泰山崩於前面不改色」或「喜怒不形於色」被視為有修養，而捨去七情六慾更被視為超脫人生的最高境界。影響所及，孩子並沒有機會在學校得到完整的情緒教育，而在相同體制下成長父母和老師，自身的情緒理解和管理能力恐怕也很薄弱，更遑論教導孩子學習情緒能力了！

王意中心理師這本新書，對於關心兒童及青少年情緒發展的父母及教育工作者而言，真是極寶貴又實用的情緒能力教戰手冊。這本書相當完整的涵蓋了情緒能力的幾個重要面向，包括對各種情緒的辨識、對自己及他人情緒的覺察、口語及肢體的情緒表達，並特別針對正向思考、挫折忍受、情緒控制、焦慮適應及問題解決等方面，從認知、行為及生理角度提出情緒自我調節的有效方法。特別的是，這本書不以艱澀難懂的理論出發，而是以問題解決的方式呈現，每個篇章都先介紹基本概念，再提供實例，每個實例都是生活中極常見的親子對話，熟悉到令人不禁莞爾一笑，在實例之後是王心理師提供的祕訣，每個祕訣都是可以和孩子一起進行的活動，方法簡單，步驟清楚，父母或老師只要照著進行，就可以有效的幫助孩子學到重要的情緒技巧。這本書得以讓一般讀者在沒有專業背景的情況下，看了就可以用在自己孩子身上，是非常難得的佳作！書中一共提供了兩百零九個祕訣，每個祕訣背後都是王意中心理師對讀者的體貼與對孩子的關懷。

本書提供的情緒能力教導祕訣不僅適合用來教導孩子，更重要的是，當父母與老師使用這些方法來教導孩子時，也可以自我反省並重新學習。本書提出了很多值得父母及老師深思的問題，例如「孩子要怎麼生氣，我才不會生氣？」孩子的情緒感受是需要被接納及尊重的，但表達的方式卻需要有智慧的教導，要教出好EQ的孩子，還真是需要先有高EQ的父母及老師。此外，本書提出的「正向思考不等於合理化」的觀點也令人眼睛一亮，市面上許多情緒管理課程常教導面對負向情境時「轉念」的重要性，但王意中心理師卻更進一步提出，光是透過改變想法來調節情緒是不夠的，唯有能帶來有效行動以解決問題的這種「轉念」，才是情緒學習中所要教導的正向思考能力。

人生匆匆數十寒暑，總要過得快樂又有意義才有價值，要擁有幸福人生，就要先學會與自己的情緒好好相處。相信此書會成為父母、教師及孩子共同的幫助，我誠摯的予以推薦！

【自序】

讓孩子成為優游的心理旅人

「情緒不過夜，讓每天的情緒歸零，隨時保持新鮮。」這是我在演講裡談及情緒管理相關議題時，常常與現場父母、老師等聽眾們分享的一件事。情緒如何不過夜？如何不讓昨日的疲憊與負向情緒累積、漫延到今日，讓每天的活力可以像充滿格的電瓶，好迎接全新的一天？這時，自我的情緒管理是非常必要與關鍵的實踐。

「**覺察**、**轉念**、**行動**」這六個字，是維繫我自己在日常生活、工作學習與人際關係中，時時自我提醒的重要情緒管理核心概念。提升情緒管理的生活實踐，我深深確認是一定必須要從大人自己優先開始做起。同時，也是在孩子成長過程中，父母與老師需要陪伴孩子一起認識、學習與培養的關鍵能力。

只是弔詭的是，在我們的傳統教育裡，情緒管理這件事很少被提及，似乎擺明孩子長大自然而然就會，但卻常常事與願違。無論是父母與老師，都常常陷入反覆的「補鍋」漩渦裡，老是被孩子的情緒問題牽著走。永遠有補不完的鍋，總是落在孩子情緒問題的後頭追逐，疲於奔命。而孩子往往也只能獨自在自我有限的經驗中，似懂非懂地摸索、嘗試與碰撞，有時甚至於也不知道情緒管理是怎麼一回事。

情緒管理強調的是一種預防的觀點，是一種平時需要培養、啟動的情緒教育，當然也讓父母與老師平時在面對孩子的情緒議題時能游刃有餘。情緒管理這件事，是孩子很少被教的課程，但卻是終其一生需要學習的貼身課題。

有時，我們很容易畫地自限，把情緒管理這個議題當成眼前的一道高牆。常常會遇到父母與老師抱怨「我哪有那麼多的時間？」其實，情緒管理這件事，只要你願意隨時停下來，讓覺察、轉念、行動時時更新、啟動，一段時間的經驗值累積之後，你會發現自己與孩子的生活將充滿正向能量。

如何讓孩子學會能夠帶著走的情緒管理能力，是很重要的一件事。當父母情緒管理OK，其實孩子跟著OK的機率就相對提高。做給孩子看、示範給孩子看，讓孩子看見與感受到你在情緒管理上的努力與改變。請記得一件事，我們大人必須先願意學習這件事、學會這件事。在情緒管理上，身教一定是勝過於言教。

請給孩子一份可以在成長的路途上，能夠帶著走的情緒管理背包。在這背包中，裝載著三件關鍵的能量。一件為覺察，一件為轉念，一件為行動。讓孩子具備這可攜帶式的行動情緒管理能力，成為自己情緒的執行長、總監，當然也是主人。

情緒管理背包需要背多久？說真的，這是一輩子的功課。無論你的孩子是幼兒、兒童、青少年或成人。無論親子、師生關係之間，彼此的情緒管理能力如何。只要你願意開始動手覺察、轉念與行動，就會是一件很好的開始。

在我的《誰讓孩子變成失控小惡魔？——從情緒管理開始，教出講理好孩子》這本書中，透過閱讀與實踐，讓親子與師生之間可以共同練就以下的各項功力，包括①情緒辨識力、②情緒覺察力、③情緒表達力、④正向思考力、⑤挫折忍受力、⑥情緒控制力、⑦焦慮調適力、⑧問題解決力等。

情緒管理讓孩子在覺察上，有機會認識與辨識自己的情緒，表達自己的情緒。在轉念上，學習以正向的思考面對眼前的問題，提升自己的挫折忍受力。在行動上，學習如何控制自己的情緒，讓自己的焦慮能夠適時調適，並學習彈性面對困境，激發出有效的問題解決能力。

在有效的情緒管理上，為自己帶來美好的生活、學習與人際關係，進而更認識自己、學習做自己，主宰自己的生活品質而更優游自在。

感謝寶瓶文化朱亞君社長兼總編輯的熱情邀約，讓我有機會以優雅的方式，透過文字完成《誰讓孩子變成失控小惡魔？——從情緒管理開始，教出講理好孩子》這本書。這本書融合了我自己多年來在早期療育、兒童青少年心理諮商與治療、父母親職教養與校園心理諮詢等臨床實務，以及自己的實際生活體驗，一起與讀者分享情緒管理的微妙之道。期待透過本書的閱讀，針對情緒管理內涵的執行，能讓你與孩子找到親子與師生之間最佳的溝通與關係。

謹將此書獻給老媽、老婆與姵涵、翔立、涵立三好米寶貝，感謝我親愛的家人，在蘭陽平原上，總是能夠無條件的陪伴、支持、鼓勵、加油與耐心等候我的每一段書寫旅程。最後，感恩在這一路上所遇見的所有人、事、物，讓我的生命更飽滿、豐富與美好。

- **管理**
  - **覺察**
    - **情緒辨識力**
      - 當情緒傻傻分不清
      - 當孩子情緒一團混亂
      - 當孩子不喜歡談負向情緒
    - **情緒覺察力**
      - 孩子如何覺察焦慮？
      - 孩子如何覺察生氣？
      - 當孩子總是臭著一張臉
      - 孩子不會看臉色怎麼辦？
      - 如何培養孩子的同理心？
    - **情緒表達力**
      - 孩子如何表達生氣情緒？
      - 當孩子無法說出感覺
      - 孩子總是自我傷害怎麼辦？
  - **轉念**
    - **正向思考力**
      - 孩子對於批評很敏感怎麼辦？
      - 孩子總是容易負向思考怎麼辦？
      - 千錯萬錯都是別人的錯？
      - 孩子如何樂觀學習？
    - **挫折忍受力**
      - 當孩子容易放棄
      - 孩子抗壓性差怎麼辦？
      - 孩子得失心很重怎麼辦？

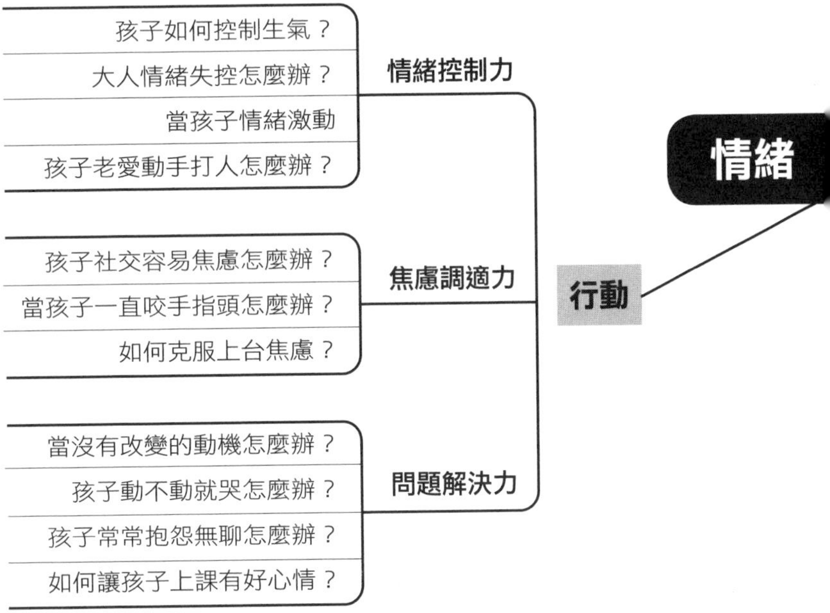

情緒

行動

情緒控制力

孩子如何控制生氣？

大人情緒失控怎麼辦？

當孩子情緒激動

孩子老愛動手打人怎麼辦？

焦慮調適力

孩子社交容易焦慮怎麼辦？

當孩子一直咬手指頭怎麼辦？

如何克服上台焦慮？

問題解決力

當沒有改變的動機怎麼辦？

孩子動不動就哭怎麼辦？

孩子常常抱怨無聊怎麼辦？

如何讓孩子上課有好心情？

誰讓孩子變成失控小惡魔？

——從情緒管理開始，教出講理好孩子

目錄

情緒管理第3招：提升情緒表達力

情緒管理第4招：提升正向思考力

情緒管理第5招：提升挫折忍受力

誰讓孩子變成失控小惡魔？
——從情緒管理開始，教出講理好孩子

目錄

情緒管理第6招：提升情緒控制力

情緒管理第7招：提升焦慮調適力

情緒管理第8招：提升問題解決力

情緒管理 第1招

提升情緒辨識力

非學不可之情緒辨識力

情緒辨識力可以說是情緒覺察的前哨站，也是情緒管理最基礎的能力之一。要管理好自己的情緒，當然先要能夠清楚認識情緒到底是什麼？當孩子沒有發展出良好的情緒辨識力，這時就無法清楚地認識及感受自己當下的情緒，無法解讀自己的感受，也容易錯判別人的情緒反應。

提升情緒辨識力，讓孩子學會清楚認識、分辨各式各樣的情緒反應。透過情緒辨識，讓孩子學會分辨原來這種感覺是孤單，那種感覺是寂寞。原來在惱羞成怒時，會有一前一後兩種不同的情緒出現，同時有能力釐清原來生氣與羞愧是什麼模樣？傷心與難過有什麼差別？沮喪與低落到底是什麼感覺？

情緒辨識力也可以定位成是一種察言觀色的能力。這能力對於人際之間的互動與關係的建立，會深深影響孩子的情緒表現。當你老是抱怨孩子白目、搞不清楚狀況、不懂察言觀色，這時，多少也反映出孩子的情緒辨識力是需要被幫忙的時候了。

不是每個孩子都可以很容易地說出自己心裡的感受，有時孩子自己也搞不懂自己的情緒到底是怎麼了。面對自己的情緒時而一頭霧水，說不出個所以然來，或直接脫口一句「我不知道」撇清關係。當孩子無法適當地表達出自己的內在情緒感受，當然也就無法順利地管理與控制好自己的情緒。

如果在孩子的發展過程中，我們沒有引導孩子去認識自己的情緒本質，這時他對於情緒的概念就容易陷入模糊。請提醒自己，孩子對於情緒概念的培養，是需要我們的播種、插秧與灌溉。

問題一
當情緒傻傻分不清

「小樹爸，我在想，孩子常常說不出他心裡的感覺，說真的，我們好像也要負一些責任。想想，平時好像也沒有教他什麼？」當小樹媽靜下來思考，發現這些年來，自己和小樹爸其實很少和孩子談到彼此情緒這件事。

小樹爸總愛回說：「孩子有事就會講啦！你幹嘛老是那麼窮緊張，還擔心他搞不清楚狀況，不了解自己的情緒？」小樹爸的不以為然，其實讓小樹媽心裡還是有些忐忑不安，總覺得小樹已經到了青春期，多少也應該能夠搞得懂自己的情緒到底是怎麼回事。

但每回看他不對勁的模樣，問他卻老是回說：「我不知道啦！」「都可以啦！」「唉呀，你說了算啦！」「無所謂啦！」「不重要啦！」「不要再問了！」等敷衍不耐的答案，讓小樹媽心裡一直不踏實。

「好啦！縱使不問了，孩子的情緒真能維持穩定也好，但小樹似乎不是這樣，感覺他對於情緒這件事陌生得可以，常常搞不懂自己到底是怎麼回事。」小樹媽愈想愈是疑惑。「沒有教，孩子真的自然而然就會情緒管理嗎？連我到這個年紀可都還是模模糊糊的。」

說真的，有回小樹媽在一場親職講座中，聽見講師對著全場的父母問道：「你平時會不會跟孩子談情緒？」「想想你的孩子能夠說出多少情緒？分辨多少情緒？」當下，她發現自己啞口無言，腦袋空空，心中沒有答案，一時竟說不出小樹到底能夠懂多少情緒。

情緒有如一座花團錦簇的祕密花園。有些孩子一走進這座花園，心裡能夠說得出來的總是那幾朵，快樂、難過、開心、傷心、高興或生氣。有些孩子則對於走入花園沒什麼意願，有時連瞧都不瞧一眼，至於眼前這些花朵是什麼？說真的，也無所謂。當然也有孩子像個熱情的園丁般，平時能夠細心呵護、耐心端詳心中祕密花園裡的這些花朵及各種花語，例如六月菊的別離、水仙百合的喜悅、含羞草的害羞、紫玫瑰的憂鬱等。

你的孩子對於這座情緒祕密花園是否熟悉呢？他能辨識出哪些情緒花朵呢？

情緒辨識祕訣指南

祕訣001　孩子熟悉情緒嗎？
祕訣002　情緒抽屜
祕訣003　情緒毛線球
祕訣004　建立情緒倉庫
祕訣005　情緒詞彙進貨
祕訣006　情緒詞彙多多益善
祕訣007　情緒分流
祕訣008　把情緒化為畫面

孩子熟悉情緒嗎？

請仔細回想，關於孩子的情緒，你自己可以說多久？這是一種自我檢測親子關係熟悉程度的自問自答練習。你是否可以暢所欲言？或全然陌生、腸枯思竭、詞窮而說不出個所以然？

這時，你需要先開始檢視孩子對於情緒概念的熟悉狀況，一種對於情緒的基本認識與辨別，例如孩子能夠認識哪些情緒？分辨哪些情緒？表達哪些情緒？這是訓練孩子情緒管理最基礎的一件事。

祕訣 002

情緒抽屜

你的孩子是否無法將感覺說出口？是否無法適當地表達自己的情緒？請記得，並不是每個孩子都可以清楚地說出自己的感受，像是「我生氣了」「你很煩耶」「你讓我好傷心」「我超開心的」「唉，我好沮喪」「真是愉悅的一天」「真是好討厭的感覺啊！」「真的讓我又嫉妒又羨慕」。

有時孩子想說，但是問題來了，他們在自己的詞庫裡竟然搜尋不到適當的情緒詞彙。這種情況就好像打開自己的情緒抽屜，卻發現裡面只有零星的、寥寥可數的情緒詞彙。當情緒詞彙少了，孩子無法將內心的感覺適切地表達出來，孩子的情緒問題就常常容易無解。請仔細想想，孩子的情緒抽屜裡有多少詞彙？

情緒毛線球

想像一下，原本好端端地擺放在桌上那一團、一團顏色分類好的毛線球，在炎炎夏日的午後，那隻窩在沙發上、原本睡眼惺忪的貓咪突然發現這些新玩意。哇！貓咪的玩性被撩撥起來了，開始調皮搗蛋的探索。

這時，只見貓咪用牠那俐落的雙爪使勁地撥弄，甚至於用嘴巴咬、用後腳跟踢、用尾巴甩尾。結果一波一波玩弄下來，這些毛線球全混雜在一起，扭成五彩繽紛的一大團。

哇！問題來了，當面對眼前混亂成一團的毛線球時，該如何梳理？我想，這可會讓你傷透腦筋。

有時，孩子面對自己的情緒也會有如此的現象，容易把所有的情緒不分青紅皂白地全都糾結在一起，就像老是被貓咪弄得一團亂的毛線球一樣。當眼前所有的情緒都糾結在一起，一團混亂的情緒感受，將很難讓自己清楚地辨識當下到底是怎麼了？

你會發現，有些孩子容易把不同的情緒都視為是同一種情緒，例如應該是委屈、焦躁、嫉妒、羞愧等負向情緒，往往都只解讀成自己在生氣。沒錯，情緒是一種主觀的感受，但如果不是生氣，或不只是生氣呢？

這就像那隻調皮的貓咪把一團、一團毛線球全部糾結在一起一樣，讓你在面對眼前的情緒困境時，無法順利化解開來。訓練情緒辨識力，就是要讓孩子學習釐清這些混亂的毛線球。

但你得要先能夠知道，孩子情緒的模樣是像情緒抽屜空無一物，還是混成一團的情緒毛線球？

該如何釐清這混亂的情緒毛線球？這時，孩子就需要有清楚的情緒認識與辨別。就像孩子能夠認識及分辨紅、橙、藍、綠、黃、靛、紫七種顏色，同樣地，也能清楚地知道各種情緒，例如生氣、孤單、憂鬱、寂寞、開心、愉悅、平靜、憤怒等之間的差異。

祕訣004

建立情緒倉庫

我認為每個孩子都需要一座情緒倉庫，在這倉庫裡裝滿了琳琅滿目的情緒。有些情緒是搶手貨，孩子容易感受到，常常拿出來使用，例如快樂、開心、興奮、自在；或者是生氣、傷心、焦慮、委屈。有些情緒則像囤積品，孩子太少去了解、很少感受到這些情緒，例如沮喪、麻木、空虛、悲傷、寂寞、痛苦等。

當孩子倉庫的貨（情緒詞彙）有了、多了，他就有機會從中找出這些貨。

情緒詞彙進貨

當然情緒倉庫要豐富，總得要先進貨。貨怎麼來？管道有很多，重點在於你是否願意開始啟動孩子的進貨流程，引導孩子認識情緒詞彙。你可以想一想，在這之前自己曾經教過孩子哪些情緒詞彙？

有時，你會發現自己想了老半天可能也擠不出太多情緒詞彙來，甚至於你可能會不好意思地說，其實自己也很難說出來。當然你也可能略帶微詞地問：「我哪想得到那麼多情緒詞彙？」「你說的這些情緒詞彙，我要去哪裡找？」

其實情緒詞彙無所不在，如果你願意細心尋找的話。無論是從兒童繪本、電影對白，或同義反義字典，再不行，上網google「情緒詞彙」四個字，你也會發現各式的詞彙等著你為孩子進貨（情緒詞彙）。

祕訣
006

情緒詞彙多多益善

情緒詞彙非常多元豐富，請和孩子一起動動腦、動動筆寫下一起想到的情緒詞彙。例如快樂、開心、愉快、平靜、興奮、高興、自在、驚喜、歡樂、喜悅、舒暢、滿足、雀躍、痛快、得意、安心、輕鬆、幸福、欣喜若狂等正向情緒。

或傷心、難過、沉重、低落、害怕、痛苦、委屈、討厭、生氣、憂慮、害羞、嫉妒、悲傷、擔心、孤單、無聊、煩躁、寂寞、恐懼、矛盾等負向感受。

我想，你和孩子一定可以把其他的情緒詞彙寫出來，特別是和你自己生活經驗有關的詞彙。

秘訣007

情緒分流

當貨（情緒詞彙）要入庫了，如同倉儲管理一樣，你可以和孩子一起讓情緒分流，進行簡單分類。例如正向情緒倉庫與負向情緒倉庫。讓孩子在第一時間，先將情緒依正負分流，歸類好，讓自己在往後提取、辨識與表達上能更加順利。日後，也可以比較清楚知道自己所存在的情緒哪一類居多，是正向情緒或負向情緒？

秘訣008

把情緒化為畫面

由於每個孩子對於身旁事物的熟悉度不盡相同，如果你發現「倉庫」的概念，對於孩子來說太過於抽象、陌生，這時，你可以調整成孩子平時最為熟悉、最能夠理解的想像。只要能夠為孩子帶來畫面即可，有畫面就容易了解，容易提取。

例如你可以將上述「倉庫」的概念轉換成「衣櫃」「海洋」「動物園」等。想像情緒像一件件衣服，掛在一個一個的衣架上，每一件衣服就是一種情緒。再按你平時的穿著喜好、使用程度，將這些衣服（情緒詞彙）分門別類，以方便自己快速找到當下所想穿的衣服（所要表達的情緒）。

同樣地，孩子也可以把情緒視為海洋裡，許多不同個性的魚（情緒詞彙）。或者如同開了一家動物園，裡面有各種不同個性的動物（情緒詞彙）。自己能夠清楚辨識有哪些魚或哪些動物。

無論你和孩子用哪一種來形容，目的都在於讓孩子的情緒詞彙更豐富。

問題二

當孩子情緒一團混亂

小夏激動地雙手緊緊抓著頭髮，嘴角不時發出滋滋滋的聲響。小夏媽看著他頓時不知所措，只能情急地不時反覆勸告著：「小夏、小夏，你不要這麼激動嘛！來，雙手輕輕放開、輕輕放開。」小夏媽說著說著，試著想要撥開孩子緊握住頭髮不放的雙手。

在這之前，小夏不時狂哭、尖叫著，說真的，那副模樣讓媽媽著實嚇著了。「小夏，你怎麼了，發生什麼事，快告訴媽媽？」當然，這些話完全聽不進小夏的耳朵裡。小夏媽實在很難從孩子的表情猜測到底發生了什麼事，因為這孩子從小就不怎麼愛說話，也沒聽他聊過什麼情緒，但她可以感覺到孩子現在正陷入情緒的困境，混亂得不知所以。

小夏媽勉強地將孩子的手從髮際撥開，這時只見小夏癱坐在沙發上，眼神空洞地望著前方，不說一句話。情緒失控這回事，總讓小夏像是被困在籠中的受傷花豹，或是驚嚇、或疼痛地不斷碰撞周圍的柵欄，在精疲力竭之後，往往也讓自己不成人形。

或者，更貼切地說，在一團混亂的情緒之後，往往讓小夏接下來一堆該做的事陷入停擺。而這樣的情況其實也讓小夏媽擔心，因為她發現這時孩子會顯得更焦慮、更不知所措、更愁眉苦臉。

說實在的，小夏媽好想、好想幫孩子釐清他的情緒，只是自己也往往陷入混沌不清的狀況。她知道小夏常常混雜著許多負向情緒。有時，一前一後接續出現，像一波一波巨浪襲來，或像共伴效應相互影響。但小夏媽真的無法在第一時間辨識清楚，更何況處在情緒漩渦裡的小夏自己。

情緒辨識祕訣指南

祕訣009 反映情緒
祕訣010 找出情緒主打歌
祕訣011 情緒想像
祕訣012 情緒地雷

秘訣009 反映情緒

為什麼情緒詞彙的認識很重要？這麼說好了，在同理孩子的內心感受時，適當地反映孩子的情緒是最初層次同理的原則。例如：「小夏，媽媽從你的眼神感覺到明天的考試似乎讓你感到煩躁、焦慮與不安。」「小夏，感覺你很懊惱，我猜今天在學校一定有什麼事情，讓你不知道該如何是好？」

如果當下孩子的情緒正如你所感受到的煩躁、焦慮、不安或是懊惱，這時，你適時反映給孩子，也同理了孩子當下的情緒，讓他知道其實還是有人了解他、懂他。

但是，當我們自己所能辨識的情緒不多時，常常就很容易誤解，或遺漏孩子當下的情緒感受。當大人猜不出孩子當下到底怎麼了，或總是誤解孩子的情緒訊息，例如將孩子委屈的情緒，誤解成他是在生氣，這時，很容易讓孩子覺得我們不懂他，不了解他，進而可能衍生出失望、難過，甚至於生氣的情緒。

祕訣 010

找出情緒主打歌

每個人都有所謂的核心情緒，無論是正向的或是負向的。套句《女朋友。男朋友》電影裡的那句台詞：「雖然我不是主打歌，但也是B面第一首。」同樣的，孩子的核心情緒也是如此。引導孩子仔細想想，自己的情緒主打歌是哪一首？是負向的生氣？焦慮？緊張？或者是正向的開心？平靜？愉悅？

了解自己的核心情緒，也就有機會進一步了解自己的情緒狀況。例如當孩子發現自己總是容易動怒，這時我們就可以引導孩子一起來思考，什麼樣的想法容易造成自己這樣的感覺，同時也思考該如何行動好讓自己的怒氣能夠煙消雲散。熟悉了情緒主打歌，我們就比較容易知道該怎麼做好情緒管理。

祕訣 011

情緒想像

「孩子可能知道什麼是蒟蒻，但不見得知道什麼是沮喪？」這是我常常在演講的場合裡分享的一個現象。主要是強調孩子對於有些情緒詞彙相對陌生，不知道它究竟是什麼模樣。

當孩子的情緒倉庫慢慢建立啟用了，倉庫裡也開始有各類型的情緒存在於自己的概念裡。但對於孩子來說，情緒這模樣總是模糊了一些、抽象了一點，為了加強孩子對於這些情緒形容詞的概念，例如愉快、平靜、快樂、開心、興奮、高興、自在，或傷心、難過、憂慮、害羞、委屈、討厭、生氣等的概念更加清晰，這時，可以發揮自己對於情緒的想像力。

試著和孩子玩玩情緒詞彙的想像遊戲，丟出一些詞彙讓孩子發揮想像力進行聯想。例如我的女兒對於「難過」一詞說出的形容是：「難過就像瀑布流不出水來。想哭，哭不出來。」弟弟對於「孤單」一詞則形容為：「孤單就像老鼠躲在角落。」

有想像，情緒就容易有畫面。有畫面，孩子就容易從中感受到那存在於當下的自己的心情。

你也可以和孩子一起腦力激盪出其他的想像。例如：

「我的憤怒就像是一座隨時會噴發的維蘇威活火山。」

「我的害羞就像是躲在媽媽背後的無尾熊寶寶。」

「這種討厭的感覺就像是臭鼬遇到威脅時放的臭屁。」

「我的心情就像是八卦山大佛一樣地平靜。」

「煩躁的感覺就像是床上有小到看不見的跳蚤在作怪。」

「有時我緊張得像是熱鍋上的螞蟻。」

「我現在心情愉悅得就像在跳一首華爾滋舞曲。」

想像，沒有標準答案。只要讓孩子能夠很快的進入了解情緒概念的狀況即可。發揮你的想像力，一起和孩子腦力激盪吧。試著找到孩子最熟悉的事物作為想像基礎，將情緒概念放在這些他們原本就了解的事物上，這會讓孩子對於情緒的認識更容易進入狀況。

祕訣012

情緒地雷

「唉！這阿圓也真是的，幹嘛有事沒事就那麼愛惹我們家小夏，弄得孩子在班上的情緒七葷八素的。這回，導師又打電話來報告，說小夏又失控了，還抱怨他的地雷怎麼那麼多！」小夏媽向剛下班的小夏爸訴苦著。

什麼是孩子的情緒地雷？而這些地雷又如何誘發出孩子什麼樣的情緒？情緒地雷，簡單地說，就是容易引起孩子特定情緒（例如激動、生氣、傷心或憤怒等）的情境或刺激因素。

當父母與老師熟悉了孩子的地雷之後，這時我們也可以知道，大人對於孩子的情緒誘發因素可以事先掌握，也就是能夠事先了解到孩子負向情緒的刺激來源。

我們可以協助孩子如何將自己的情緒反應與地雷相連結。讓孩子了解哪些刺激會為自己帶來哪些情緒反應，有時甚至於不止一種情緒反應。例如：

「同學的冷嘲熱諷，總是給自己帶來生氣與憤怒。」

「當被指責或糾正時，總是讓自己感到羞愧。」

「當對方太靠近自己時，總是讓自己感到害羞。」

「當考試成績沒有達到自己的預期時，總是為自己帶來失落。」

「只要一聊到已過世的阿公，總是讓自己感到傷心又難過。」

祕訣013 「5W1H」的對話運用

為了強化孩子的情緒概念，使其更為具體，在腦海中更加深刻，也期待孩子在生活中能夠清楚辨識、甚至於自我表達情緒，在這裡，你可以與孩子練習「5W1H」（What, Who, When, Where, Why & How）的對話運用，來挖掘孩子的情緒地雷。練習的對話如下，你也可以自行調整與修正，好更適合你自己孩子的狀況。

例如試著問：「孩子，做什麼事情，會讓你緊張？」「孩子，遇見什麼人，會讓你害怕？」「孩子，什麼時間，你最煩惱？」「孩子，去哪裡，你最開心？」「孩子，你為什麼難過？」「孩子，如何做，你才會安心？」依此類推。

這時，孩子可能回答：「每次只要遇到考試我就會感到緊張」「我只要遇到學務處的主任就會害怕」「每次在書包裡找不到我要交的學習單就讓我感到煩惱」「哇！只要帶我去遠雄海洋公園我就最開心囉」「每次只要分組沒人找我就讓我感到很難過」「每次睡前書包都要檢查兩次，這樣我才能夠安心去睡覺」。

祕訣 014

情緒就像捷運線

為了讓孩子了解，每個人的情緒會隨著時間而變化，甚至於同時存在著不同的情緒，你可以試著以捷運的概念讓孩子了解。如同捷運一般，當情緒一啟動，你會發現A情緒將帶動B情緒，B情緒又容易誘發出C情緒，不同的情緒將彼此相互產生。如同「捷運情緒線」，讓孩子知道當從「羞愧」總站發車，接著下一站可能抵達「生氣」站，再繼續前進可能經過「憤怒」站，最後抵達「難過」站等。

例如這回月考，小夏考得沒有如預期理想，甚至於考出來的分數正落在班上倒數第三。當導師依照分數一一唱名發考卷，這時，隨著同學陸續上台領考卷，自己的心情開始感到「羞愧」。當導師叫到自己的名字，小夏低著頭，拖著腳步，慢慢走上台前。這時，一旁的同學低頭竊竊私語。這畫面讓小夏感到「生氣」，甚至於當對方笑出聲音並說出「哈！考這什麼爛分數」時，一股「憤怒」衝向小夏的腦門，他一手握住那張不及格的考卷，一手握緊拳頭。當一回到座位時，心裡開始想起自己這次那麼努力的準備，但是最後卻考出如此的成績，心裡不禁「難過」起來。

縮小情緒範圍

面對孩子無法辨識自己當下的情緒時，你可以縮小情緒詞彙的範圍，試著將孩子當下可能存在的情緒優先列出來。或許你可能會有疑問：「我怎麼知道孩子現在是什麼情緒？他不說，我怎麼會知道？」這就關係到我們對於孩子情緒觀察的敏感度及辨識度如何。

這也是為什麼我在演講中總是會反覆強調，在協助孩子進行情緒管理時，大人也需要先做好自己情緒管理的功課。

回到縮小情緒範圍的做法，你可以試著將孩子可能的情緒反應寫下來，例如①平靜、②愉悅、③開朗、④高興、⑤興奮等。接著讓孩子學習在這五個情緒中，來圈選自己可能的情緒反應。當然孩子也有可能因為你的條列示範，而激盪出第六種情緒反應，而這是真正屬於他自己的答案，例如⑥滿足等。

情緒串聯遊戲

在情緒串聯遊戲中，首先選定一些情緒詞彙，例如興奮、失望、難過、煩惱、無聊、愉快、開心。接著，讓孩子練習以編故事的方式，試著將這些詞彙串成一個故事。

你可以像玩樂透彩球一般，將一些情緒詞彙寫在卡片上，再放進桶子裡。依抽籤順序，將情緒球抽出，隨後再依序請孩子編成故事。

這遊戲的目的，在於讓孩子了解與熟悉每個情緒當下，自己可能經歷了哪些事件。同時，了解情緒與情緒之間的變化與關係。

以下是將興奮、失望、難過、煩惱、無聊、愉快、開心串聯起來的一個故事：

終於等到這學期的玩具分享日。小夏昨天晚上「興奮」得睡不著覺，心想這次可以把新買的激戰彈珠人巨石猛熊帶去班上與同學分享。只是，事與願違，因為月考考得不理想，臨出門前被小夏爸禁止攜帶任何玩具到學校，讓他心裡感到既「失望」又「難過」。

一路上，小夏一直「煩惱」到底該怎麼辦？自己一個玩具都沒帶。正當小夏「無聊」地坐在座位上發呆，這時只見他的好搭檔大風微笑地朝他走來，手上拿著一個「戰鬥陀螺鋼鐵奇兵」天馬武士的陀螺放在他眼前。

「嗯，小夏這借你玩，我上星期新買的。」這時，只見小夏露出「愉快」的笑容，「開

心」地玩起這戰鬥陀螺。雖然沒有辦法帶自己的彈珠人與同學分享，但大風的熱情分享也讓小樹感到心暖暖的，在這美好的玩具分享日。

認識情緒強度

當孩子的倉庫裡已經儲存了一些貨（情緒詞彙），正向情緒倉庫、負向情緒倉庫也逐漸分流清楚，同時也能夠透過想像來熟悉情緒詞彙，並慢慢知道自己的情緒地雷為何。接著，就是協助孩子認識自己的情緒強度狀況。

有時，孩子的情緒反應強度微弱，往往造成孩子不容易真正感受到自己的情緒是什麼。例如：「我們真的沒有欺負他，你看他也沒有表示任何生氣的反應。」當有些孩子被捉弄、開玩笑，卻無法適當表現出該有的情緒強度時，就容易被誤解。

有時，孩子的情緒反應卻太過強烈，往往造成自己與他人在人際溝通上的衝突而不自知。例如：「唉，小夏這孩子的情緒反應有時真的是太激烈了，我猜這陣子不知嚇跑多少班上的同學。真的有那麼嚴重嗎？他到底知不知道，自己的反應這麼強烈呢？」小夏媽有些困惑的想著。

問題三
當孩子不喜歡談負向情緒

「小瑜媽，我覺得很奇怪，我發現小瑜很愛窩在教室的圖書角裡看繪本。但是，我注意到她都只愛翻些比較有正向故事的繪本，凡是主題觸及到傷心、難過、憤怒、嫉妒的部分，她都會迴避耶。」導師在電話的另一頭疑惑地問著小瑜媽。

其實小瑜媽心裡也一直擺著這件事，只是自己常無法弄清楚到底這樣是好，還是不好。「孩子不談這些負面的情緒，看起來好像也沒有什麼太大的異樣。那我到底需不需要刻意和她談呢？會不會弄巧成拙，反而弄壞了小瑜的情緒？」媽媽有些不知該如何是好。

「你幹嘛沒事找事做啊！她就是不喜歡談這些、看這些，幹嘛強迫她？把孩子弄哭成這樣，你也高興？」小瑜爸有些不以為然地數落著小瑜媽。只見媽媽手上拿著一本本《家有生氣小恐龍》《最糟的假期？》《我嫉妒……》《最可怕的一天》等繪本，希望小瑜翻閱。小瑜媽忍不住心想著：「拜託，只是拿出來，連翻都沒翻，就拒絕成這樣，有這麼嚴重嗎？」

「你不覺得小瑜這樣的反應不太對嗎？哪個人沒有負面情緒啊！老是這樣的話，那下次哪個同學聊了些什麼不正面的事，這反應不就把朋友給嚇跑了？」小瑜媽理直氣壯地反駁小瑜爸。她還是認為孩子在這件事情上，有需要再調整的空間。

情緒辨識祕訣指南

祕訣018 期待心情的到來
祕訣019 情緒沒有好壞
祕訣020 從繪本認識情緒

祕訣 018

期待心情的到來

「孩子，你想要什麼樣的心情？愈具體愈好。」引導孩子去感受她想要的心情到底是什麼模樣，想想：「在未來的這一天，我希望能夠有什麼樣的情緒？」給自己一些些期許。有時當情緒目標明確了，自己就有機會往這樣的情緒方向發展。

例如：「我期待每天的早晨都是愉快的開始。這種愉快的心情，就像是早自習提早走進教室，遇見早到的同學與老師向我說嗨！」

「其實，我只想要心情可以隨時保持平靜。那種感覺就像是在花東縱谷的池上，望著田園風光時，總會感受到萬分的舒坦。」

祕訣 019

情緒沒有好壞

你會發現有些孩子像小瑜一樣，不喜歡提及或面對自己的負向情緒，包括悲傷、難過、孤單、寂寞、生氣等，甚至對於內容涉及負向情緒的故事或繪本，會選擇迴避、不願意接觸。

但試著讓孩子知道，每個人心中總會自然地存在正向及負向的情緒。爸爸、媽媽、老師還有其他小朋友也是如此，並不是只有她自己才會這樣。試著讓孩子接受負面情緒的存在是很自然的一件事。當然，也讓她知道自己可以選擇要讓這些情緒維持多久，影響自己多久。

情緒其實是我們對於周遭環境的一種反應，例如當同學脫口說了一句：「你今天怎麼那麼晚來？」時，這樣的一句話如同一道刺激，對於我們的情緒會帶來什麼樣的波動，每個人不盡相同。可能是生氣、憤怒或厭惡，也可能是喜悅、高興或開心。

但重點在於為什麼有的孩子對於同一句話會感到生氣、憤怒或厭惡，而另一個孩子則感到喜悅、高興或開心？這當中的差異，主要就決定於孩子如何解釋「你今天怎麼那麼晚來？」這個刺激。

當孩子把這句話往負向解讀，自然而然就容易激起生氣、憤怒或厭惡等情緒。當孩子對於刺激的反應是：「我晚來關你什麼事？」「幹嘛老是愛挑我的毛病？」「真的是令人討厭」時，生氣、憤怒或厭惡也就自然會出現。

當孩子這麼想，這麼感覺了，你會發現，這些生氣、憤怒或厭惡的情緒可能讓孩子食不下嚥、晚上睡不好覺、明天要考試了但沒有辦法心情平靜地看書。

當然孩子也可能讓自己握起拳頭朝對方一拳揮去，也可能斜眼瞪著對方。

同樣的刺激，孩子也可能做出不同的反應。

「看不出你還滿關心我的，謝謝你啦。」這時孩子可能對對方微笑，而這微笑可能也會讓對方露出笑容。所以別忘了再次提醒孩子，接納自己所擁有的情緒。

「小瑜，每個大人與小孩都會有一些自己不太喜歡的情緒。像是孤單、寂寞、傷心、難過，這些感覺或許都讓我們不舒服。但是這些情緒都是很自然的，而且也都是屬於我們自己的一部分。我們可能因為沒有人了解自己而感到孤單，也可能因為總是一個人在家而感到寂寞，或是因為好朋友要求分手而傷心，也可能因為親人過世而難過。但請記得，這些感覺都是很真實，也很自然的。差別只在於我們願意讓這些情緒待多久，影響自己多久？」

祕訣 020

從繪本認識情緒

在百花齊放，繁盛的繪本世界中，你可以試著找出符合孩子需求的繪本。目前在國內已經出版的繪本當中，無論是本土作家或翻譯作品都已經非常多，可以讓父母與老師從中找出各類的情緒議題。

「小瑜，這本《世界上最棒的葬禮》雖然談的是死亡，或許讀著讀著會讓我們感受到些許哀傷的心情，但是，就像死亡是很自然的，同樣地，哀悼、悲傷的感覺也是很自然的。」

或許，你的孩子會想要迴避這些負向情緒的話題，但是，仍然建議你以自然的方式，找個適宜的閱讀氛圍，和孩子分享親子繪本共讀的時光。繪本的好處在於讓孩子先透過別人的故事來了解各種可能存在的情緒，透過別人的故事，得以保持心理上的適當安全距離。

有時，孩子會想：「反正，這是在說別人的事。」先讓她願意接觸，再從繪本閱讀中，體會各種正負向情緒，隨後再轉為和自己相關的情緒經驗，從中找出彼此類似的關係。「原來我也會有這樣的情緒」，讓孩子知道有這樣的情緒是很自然的，並非只有自己才這樣。

情緒管理 第 2 招

提升情緒覺察力

非學不可之情緒覺察力

情緒覺察的重要性，在於當孩子具備這項能力時，他將可以清楚地覺察出自己當下是什麼情緒，及自己情緒的變化狀況，甚至於能夠進一步去檢視自己的想法，並做出實際的行動，轉換自己的負向情緒，讓自己隨時保持好心情。

如果情緒辨識力是孩子在情緒管理上的基本功，接著就是進入第二階段——如何讓孩子學會覺察自我的情緒。簡單的說，就是能夠適時了解自己當下是哪一種情緒。

情緒覺察是一種自我了解的歷程，同時也具有自我檢視及預告的作用。沒有好的情緒覺察力，孩子就無法在第一時間進行情緒的調整，維持正向的情緒管理。你可以想想，如果平時自己無法覺察天氣的變化，那麼又該如何準備穿著或決定是否攜帶雨具或防曬呢？

提升情緒覺察力，讓孩子隨時能夠掌握情緒路況，並做好最佳的因應。

問題四
孩子如何覺察焦慮？

明明雙手搓揉、摳弄著，不時用力深深地呼吸，但吸氣、吐氣的節奏，有些混亂。她的額頭上冒著冷汗，眼神不時地盯著角落，迴避著教室裡你來我往、不時嬉鬧的同學們。今天已經是明明轉至這所新學校的第二個禮拜。

明明知道自己很想逃，逃離這個讓自己感到非常不自在的新環境。但重點是，她逃不開。「明明，現在是上課時間，請坐好。眼睛不要東張西望，認真一點。」五年四班的導師叮嚀著。只是，導師愈是這麼說，明明發現自己的焦慮指數就愈高。就像猴子爬樹一般，從一公尺高，馬上跳升到兩公尺。而爬升高度愈高，明明就愈不舒服。

明明隱約知道自己現在的感覺有些焦慮，焦慮這兩個字是媽媽曾經教她認識的情緒之一。而自己也發現，焦慮好像一個不請自來的朋友一般，總是在她的生活與學習周圍捉弄著她，讓她感到非常不愉快。

這擾人的焦慮，到底長什麼模樣？明明自己也不是很清楚。有時她感覺焦慮像熱鍋上被翻來覆去的荷包蛋，有時則像是站在月台上，一直等不到列車到來。嗯，等不到列車這件事，是明明的爸爸曾經告訴她的形容。

但是，明明發現自己常不斷地用手指扭轉自己的長髮，有時會被同學笑說自己是在打麻花。偶爾，她也會咬著衣領，不一會兒就發現衣領都濕透了。當然撥弄著指甲、咬著指甲、腸胃快速蠕動想上廁所等，都讓明明感受到原來自己正在焦慮中。

情緒的自我覺察，是父母這一兩年來不斷和明明一起分享、共同努力的情緒管理練習之一。多了這些情緒覺察能力，也讓明明能比以前更清楚自己當下的情緒狀況。同時，也不至於像以前一樣，陷在一團混沌不明的情緒亂流中。

情緒覺察祕訣指南

祕訣021 優先示範

祕訣022 身體是情緒的好朋友

祕訣023　找出代表性指標
祕訣024　幫情緒做天氣預測
祕訣025　情緒浮球
祕訣026　小黑蚊般的壓力

祕訣021 優先示範

請記得孩子需要你的優先示範與分享，你可以先說說自己如何覺察心中的焦慮。你可以和孩子分享，當自己焦慮時，可能發現自己不時地吞嚥著口水、手心冒著汗、摳手指甲、心跳加快、呼吸急促、口乾舌燥或說話速度變快等。

這就像是發現自己憤怒時，會突然覺得臉頰發脹發熱等，有一些生理變化。例如臉頰鼓脹、發熱、拳頭緊握、脖子肌肉緊繃、身體不時顫抖、呼吸急促、說話音調拉高、音量變大或從鼻子發出陣陣氣息等。

身體訊號的覺察，需要先透過大人的身體力行、示範與分享，孩子才能夠有機會透過這些訊息，來覺察自己的情緒狀況。

祕訣022 身體是情緒的好朋友

讓孩子知道身體其實是情緒的一個好朋友，它會透過生理變化來悄悄地暗示自己的心理狀況。請讓孩子了解自我覺察的重要性，就像對著鏡子照著自己的情緒。試著先從孩子熟悉的情緒詞彙開始練習起，找出情緒與身體變化之間的關係。

由於每個人的焦慮呈現不盡相同，你也可以讓孩子想想，焦慮時，自己的身體密碼會如何來告訴自己。例如注意力渙散、不時來回踱步、猛吞口水、頭兩側緊繃、不時搓揉著雙手或猛搔頭皮等。

我們的身體及生理其實常常很貼心地反映著我們的情緒，重點在於我們是否能夠透過這些身體的訊號，而覺察到自己當下或持續中的情緒狀態。這就如同捷運即將到站時的警示燈，或平交道前已經緩緩降下的柵欄，或者你後方的來車對你猛按的喇叭聲。

讓孩子知道不同的情緒出現時，我們的身體會用各種不同的警訊來提醒我們。當覺察的功力提升了，我們就可以適時地反映給對方知道，或者做些行動上的調整，讓自己遠離這些情緒，特別是負向的焦慮、憂鬱、憤怒、焦躁等。

祕訣023 找出代表性指標

「媽媽，好奇怪，為什麼我緊張時，心臟總是撲通撲通跳得很快。興奮時，也是撲通撲通跳得很快。害怕時，也是這樣。焦慮時也是，連擔心時，心跳也都跳得很快耶。」孩子可能會有些困惑，為什麼明明是不一樣的情緒，但是心臟都會跳得很快。

要讓孩子了解，情緒其實是很複雜與多樣的。同樣是心跳加快，但卻可能反映著自己截然不同的情緒。因此，在覺察自己的情緒時，需要同時參照不同的身體訊號，並從中找出最能反映自己焦慮情緒的代表性指標。例如有些人是摳指甲，有些人是偏頭痛，有些人是勤跑廁所，有些人則是口乾舌燥。

祕訣024 幫情緒做天氣預測

如同中央氣象局的天氣預報，你可以試著透過衛星雲圖觀看最近一週的天氣變化，無論是晴時多雲偶陣雨，還是颱風來襲。有意思的是，對於我們的情緒，我們也可以和孩子來一場心情預測，猜猜看未來一週自己的主要情緒會是開朗的心情居多，或是焦躁的情緒為主。同時，運用降雨機率的概念，你也可以引導孩子，想想這些心情的機率會是多少。無論準不準，至少都是一種心情的自我檢測。當然，如果想要降雨多一些，也可以採取行動，來個人造雨，主動製造多一點自己想要的情緒。

祕訣025

情緒浮球

自我情緒的覺察，有時像是在心裡設置了一個情緒浮球，可隨時偵測自己的情緒變化。當一發現情緒出現異樣（例如憂慮），或總是陷於特定情緒停滯不動（例如焦慮）時，請提醒孩子該是採取行動以調整情緒的時候了。

在提升情緒覺察力時，以多一些想像的畫面來輔助，有畫面，與孩子的距離就近了，孩子願意接受的門就容易打開了。除了情緒浮球，你和孩子還能想到什麼？任何一種屬於自己的親切與熟悉，只要對於情緒覺察有所幫助。

祕訣026

小黑蚊般的壓力

每日的瑣事就像小黑蚊一樣不時地干擾著大人與孩子的情緒。而對於孩子來說，這些如同小黑蚊一般擾人的事情，通常大多來自於父母或老師不斷的叨念、囉嗦，令孩子感到厭煩。

或許你會認為，這些事情本來就是父母應該要提醒、也是孩子應該要去做的。但是，有時耗費太多心力在這些微不足道的事務上，很容易不知不覺形成孩子與父母之間的壓力源。

試著與孩子一起列出這些破壞心情的小黑蚊有哪些，把這些每日瑣事記錄下來。對於自己了解自我的壓力源會是好事一樁，至少我知道有哪些小黑蚊，就知道接下來該如何因應。

你可能會疑惑，不愁吃、不愁穿，小朋友哪有什麼壓力？但是請記得，壓力是很主觀的一種經驗。同一件事，放在兩個孩子身上，感受可能完全不同。重點是，要正視當事人的主觀感受。

當然也請提醒自己，避免自己的提醒與叨念變成孩子生活中的小黑蚊，成為細瑣而揮之不去的困擾。有時，你可以嘗試以大原則為主。例如孩子的玩具間或書房到底該多久整理一次？這部分親子之間可能認知不同。但只要維持住大原則，假如你認為一個禮拜收拾一次就可以，或許你可以嘗試等上一個禮拜再進行要求，而不是每天都不斷叨念著這要收拾、那要整理，和孩子彼此之間把遊戲規則訂好。

問題五
孩子如何覺察生氣？

小虎拳頭緊握，雙腳微微顫抖著，不發一語地直視著大頭仔。有些溫熱的氣息從小虎的鼻孔呼出，當然他自己也隱約感覺到心跳的速率比平時要來得急促。

望著小虎額頭上暴露的青筋，孅孅在一旁只能輕輕拉著他的手臂，試著往後拉著，多少也讓小虎有些控制，以避免一場一觸即發的衝突。

小虎感到額頭緊繃，雙眼直視前方，瞪得更加用力了，拳頭也握得更緊。說真的，在這當下，孅孅感受到小虎已經不只是生氣了，而是超越生氣的憤怒感，這在以前小虎的身上是很少見的。

但大頭仔似乎沒有察覺到小虎的怒氣變化，這一點敏感性是比孅孅來得差很多。也就是因為如此，大頭仔老是搞不清楚狀況，常常惹得小虎怒氣沖天。

「大頭仔這次真的是太過分了啦！」孅孅心想著。原來這回大頭仔開玩笑開過頭，把小虎花了一個下午完成的水彩風景畫給潑了個水在紙上。這讓準備把作品交給美術老師的小虎大為震怒。

孅孅隱約發現小虎的怒氣已經到達最高點，但卻也發現他刻意將自己緊握的拳頭慢慢垂放下來，甚至於漸漸鬆開，隨後將手插進口袋裡。這樣的變化也讓一旁的孅孅鬆了一口氣，因為她看到小虎有在努力調整自己的怒氣。

這讓孅孅感到窩心許多，畢竟兩人在班上可以說是很要好的朋友。這回，小虎果然有把她先前告訴他的話給聽了進去。更重要的是，他也嘗試改善自己的脾氣。

情緒覺察祕訣指南

祕訣027　情緒開關ON／OFF
祕訣028　暴雨將至
祕訣029　情緒分級
祕訣030　超級情緒

祕訣031 情緒鋒面滯留
祕訣032 生氣之必要

祕訣027 情緒開關ON／OFF

有時孩子的情緒就像開關一樣，只有ON與OFF兩段模式。當然這樣的情緒反應風險性是很高的。因為當孩子的情緒開關被突然調到ON，這時孩子的個性如果較衝動，可能就沒有辦法事先敏感地自我覺察。隨即，自己與旁人就只能接受已經出現的強烈情緒，任由情緒暴衝。

祕訣028 暴雨將至

當暴雨傾盆，像天空開了一個口，將雨水倒灌而下，這時往往令人措手不及。以這個例子向孩子解釋為什麼情緒的覺察與分級那麼重要。但暴雨來臨前，如果你夠敏感，仍然有跡可循。如同天候的覺察，你可以觀看中央氣象局的衛星雲圖，而情緒的覺察也是如此，需要自我的關照，讓自己成為中央氣象局。

情緒分級

除了覺察自己當下所可能存在的情緒之外，這時情緒反應的強度如何變化，也是情緒覺察過程中相當重要的一件事。

我常在演講場合詢問許多的父母與老師，自己的情緒是否有所分段、分級，就像爬樓梯一樣，只是非常可惜，平時有這樣習慣、如此做的人，真的很少。應該說是非常、非常少。

有時在想，如果情緒反應沒有分級，那麼我們又該如何覺察到自己的情緒是如何變化？如果我們沒有區隔這些情緒變化，又該如何去進行預防或調整？這就如同當豪雨不斷時，如果沒有水面的警戒線，你就無法清楚預知河川溪流的水已突然暴漲。

一起和孩子們來學習吧！我們的情緒反應有時就像爬樓梯一般，一階、二階、三階、四階、五階……先將這畫面在紙上或白板上明顯區分出來，讓彼此能夠知道我們的情緒反應強度是有分級的。

分級的重要性在哪裡？以生氣為例，當孩子在第一時間覺察到自己的怒氣已走到三階，這時，我們可以努力的是，讓自己的生氣情緒趕緊退回到二階，甚至於回復到一階，並讓自己隨時保持在一階的最佳狀態。

同時也讓孩子練習感受，當生氣維持在二階與升到三階、甚至於四階時，當中他感受到的差異與變化。

超級情緒

為了讓孩子能夠覺察自己的情緒反應強度，你可以試著以例子來讓孩子自評，如果真的遭遇這些事，或曾經遭遇這些事，自己可能存在哪些具有超級強度的情緒？例如：

「哇！天啊！我竟然考上前三志願！」

「失戀的滋味真的是很令人難受。」

「怎麼可能！怎麼可能！我的腳踏車竟然被偷走了！」

「他們怎麼可以懷疑我作弊！」

「耶！爸爸答應我可以去畢業旅行了！」

「他為什麼要當著大家的面取笑我的身材！」

「媽媽今天都不跟我說話。」

「怎麼辦！我今天的聯絡簿忘了帶回來！」

「哇！班上同學選我擔任下學期班代表耶！」

以上這些只是舉例，可以視孩子不同的年齡，給予不同生活經驗的詢問，讓孩子自我覺察經驗這些事件可能存在的感覺強度。

情緒鋒面滯留

有時你會發現孩子常常處於某種特定的情緒狀態，如同鋒面持續滯留在孩子的心頭。這時，除了覺察天氣的變化外，也需要思考，如果我無法改變這鋒面，那麼我可以選擇如何來因應它？特別是在心中不時強調，讓自己知道這道鋒面終究會過去。

因應的方式，包括可能選擇留在室內，改為從事室內活動；或者戴起雨具作為因應；或者乾脆移動到另一個沒有鋒面的地方。在這裡要和你分享的是，其實許多情緒都有轉變的可能，只要我們能夠先覺察到它的存在。了解了、熟悉了天氣情緒的狀態，接著再試著腦力激盪如何應變。

當然這些應變都是在平時就得要先儲存在自己的資料庫、記憶庫、經驗庫裡，等待隨時拿出來因應。有些事現在開始做，一切都會來得及，情緒管理也是如此。

祕訣
032

生氣之必要

孩子能不能生氣？孩子當然能夠生氣。生氣其實是很自然而然的一種情緒經驗，甚至於是一種必要。讓孩子能夠接受存在於自身的所有情緒，讓孩子知道，本來就有一些事會為自己帶來一些不同的情緒經驗。

例如當同學嘲諷時，自己本就容易感到惱羞成怒。當同學排擠自己時，很自然地會有一股難過油然而生。當自己努力準備考試，結果卻不如預期時，總是難免會感到沮喪。惱羞成怒、難過或沮喪情緒的出現，是很自然的一件事。

只是我們可能需要思考，這樣的負面情緒，我們願意讓它存在多久？同樣的，如何接納對方的負向情緒，也是我們需要培養的。

問題六
當孩子總是臭著一張臉

小舒嘟著嘴，眼睛斜看著掉漆的白色牆面，不發一語，持續了好長一段時間。

「這孩子也真是的，老是臭著一張臉，像是人家欠他錢一樣，老是生氣也不是辦法。」「生氣就說嘛！每次都不說話，這樣誰知道發生什麼事？」小舒媽抱怨著。

小舒的一號表情，總是讓人直覺認為，這孩子就是愛生氣。

無論是看見媽媽抱著一歲半的弟弟哄著睡覺，或是要求他寫功課，或是在人擠人的捷運站，或是教室裡同學無視於他的存在，小舒都常掛著他的一號表情。

但小舒真的愛生氣嗎？說真的，這一點，或許連孩子也已經搞不清楚自己到底是什麼心情。

因為，媽媽總是對他說：「小舒，你生什麼氣，媽媽只是抱弟弟睡覺，我以前也抱過你啊！」「寫個作業，有什麼好生氣？」「捷運站就是這麼多人，你擺個臭臉，人家也不會讓你。」「你就是愛生氣，所以小朋友才不想跟你玩。」

生氣，似乎都是別人告訴自己的。久而久之，小舒也認為自己就是愛生氣。至於其他可能存在的情緒，說真的，沒有人講過，沒有人教過，自己也分辨不清。

只是，這種大家都說的生氣，連小舒自己也不知道該怎麼辦。但小舒真的是愛生氣嗎？如果不是呢？

情緒覺察祕訣指南

臭臉的委屈

「拜託，你的臉幹嘛這麼臭！」

「我沒有！」

「哪沒有？明明臉就是不笑，臭，還不承認！」

「我沒有！」

「有就有，幹嘛不承認。」

「我．沒．有！」

「有就有嘛，你看臉那麼臭，生氣就生氣嘛！」

「我．沒．有．生．氣！」

「嗯，明明就在生氣，臉臭就承認嘛！」

「我．沒．有．生．氣！氣死人了！」

當孩子被形容成臉臭時，往往在第一時間會拒絕承認自己臭臉，有時甚至也不知道自己臉色不對。只是當周圍的人只會用一句「你的臉幹嘛這麼臭！」來反映時，我想重點已不在於孩子本身是否在生氣，而是孩子當下是否有覺察到自己的臉部僵硬、平板、沒有明顯的反應。你與孩子有多久沒注意到自己的臉部表情呢？

秘訣034

鏡子的魔力

其實我們的臉常常說了許多話，只是自己不曉得而已。我們可以在平時多運用鏡子的魔力，來讓孩子練習覺察自己的表情並做微調。多引導孩子透過鏡子認識自己，特別是練習控制自己的臉部表情，就如同幫臉部做運動一樣。

你可以試著讓孩子在鏡子前面練習說說話，讓孩子觀察自己在鏡中的表情變化，特別注意當說話時的音量、語氣或音調在改變時，自己的眼神、嘴型、臉頰等是如何隨之變化。

同時，你也可以與孩子在鏡子前進行不同情緒的表情練習。讓孩子們看看當自己開懷大笑時的模樣與忿忿不平的表情有什麼差異。試著在鏡子前，觀察自己的擔心、焦慮、喜悅、滿足等情緒變化，是否也清楚地反映在自己的表情上。

秘訣035

表情會說話

臉部表情的變化，往往當事人自己並不容易察覺，但卻被對方一眼看出。當然，臉部表情少變化，反應微弱，並非表示孩子本身當下的心情就一定是在擔心、生悶氣；有時，心情處於平靜、愉悅的孩子也會有如此反應。這一點，特別是情感反應相對較為薄弱的孩子，更容易被誤解。

但是你可以與孩子來進行一場臉部表情的解讀練習。你可以運用臉部表情的照片，在Google上選擇圖片，輸入關鍵字「face」「child face」或「kid face」，這時網頁上就會呈現出許多人物表情的圖片，讓你與孩子選擇與瀏覽。你可以與孩子選定一些照片進行情緒解讀討論。請記得，解讀沒有標準答案，但是可能有許多人有共同的解釋。

祕訣036

面對尷尬時刻

想想，當你一大早趕著出門上班，但孩子又睡眼惺忪、一副想睡又拖拖拉拉的模樣時，你可能已經拉高嗓門，對著孩子大聲吼叫：「叫你早點睡，不睡，出門又拖拖拉拉，弄得現在上學、上班都快要遲到了！」正當你話說到一半，自己正怒氣沖天時，突然「叮咚」一聲，電梯門開了，樓下的鄰居走了進來，正對著你微笑。

此刻，我想你應該會瞬間轉變你的說話方式、表情、姿勢或態度。你隨即脫口而出地說了一句：「嗨！陳先生早安，這是我兒子！」你將發現自己有些僵硬地露出尷尬的微笑，手還輕扶著孩子的肩膀。情緒覺察，特別是感受自己的表情尷尬與不自在，最容易出現的場景，往往就在於電梯裡。

請提醒自己，也讓孩子了解彼此都可能有如此的尷尬時刻，只是場景不同罷了。

問題七

孩子不會看臉色怎麼辦？

小霍一臉茫然地望著眼前雙手扠腰，瞪大雙眼，鼓脹臉頰，口中不時發出氣息的阿凡。

「你給我試試看！」阿凡加重了說話的語氣，打破了持續一段時間的喘息聲。

無奈的是，小霍似懂非懂地又趨前，用手直接去碰觸阿凡好不容易才剛完成的噴射機木製模型。「你再給我動動看！」阿凡拉高了音量，雙手緊緊握拳，眼神怒視著。只是，小霍似乎不解阿凡所要傳達的訊息。他，還是向前動了模型。更糟糕的是，這回碰觸的力氣稍大了些，把飛機的機翼給碰掉了下來。

「小霍，你怎麼不知道阿凡已經在警告你了，你竟然還亂碰他的飛機模型。這可是他的心愛寶貝耶！你完蛋了你！待會導師會來找你算帳。」玲玲看著小霍搞不清楚狀況的舉動，捏了把冷汗。她也疑惑，為什麼小霍總是聽不懂、看不懂人家的意思。

上課是小霍最自在的時刻。因為，坐在自己的位置上，或許不是那麼能夠理解台上的老師在說什麼，但是至少可以較為放鬆地望著眼前的課本，讀著上面的文字，或動筆寫寫、算算題目。這些不會動的文字或課本，總是讓小霍覺得自己終於可以掌握一些事。

但下課或分組討論，就讓他感到焦慮了。他常眉頭緊鎖，眼神四處凝望，焦慮的摳弄著自己的手指，不時吞嚥著口水，甚至於傻笑。這些往往成為班上同學對於小霍的刻板印象。

在嘈雜的教室裡，同學們此起彼落地嬉笑怒罵，你一言我一語，常讓自己分不清楚這些人到底在幹什麼。而這回，誤碰了阿凡的飛機模型，在導師尚未指責之前，小霍還是不清楚到底發生了什麼事。而且，阿凡不是說了：「你再給我動動看！」

你的孩子會察言觀色嗎？

情緒覺察祕訣指南

祕訣037　傾聽弦外之音

祕訣038　魔鬼躲在聲音裡

祕訣039 回應代表的意義
祕訣040 扮演情緒導演
祕訣041 肢體會說話
祕訣042 看穿情緒的分解動作

祕訣037 傾聽弦外之音

孩子常常需要嘗試解讀出對方所要傳達的弦外之音，或最接近的解釋。例如上述「你再給我動動看！」阿凡拉高了音量，雙手緊緊握拳，眼神怒視著，所要傳達的訊息會是什麼？

有時，我們無法要求對方總是那麼明確、溫和地說出自己的感受。例如：「小霍，噴射機模型是我很愛護的作品。你沒有經過我的允許碰了它，這件事讓我感到很生氣。因為，我會擔心模型受損。所以，請你下次用眼睛看、用眼睛欣賞就好。」

在對方感到生氣的狀況下，他可能只是很簡潔地用加強語氣與提高音量，說了一句：「你再給我動動看！」外加手勢與眼神。當孩子聽到了這句話，看見了對方的一些動作時，需要做的，是去思考對方所要傳達的弦外之音會是什麼。有時，在沒有經過對方的同意下，任意碰觸他的東西，是令人無法接受的一件事。

祕訣038

魔鬼躲在聲音裡

讓孩子試著從對方説話的聲音中練習解讀各種情緒。這些音調，其實隱藏著許多的情緒訊息，就像魔鬼躲在細節裡。引導孩子判斷對方的音調語氣所傳達的情緒會是什麼。這部分，你可以用輕聲細語的説話方式先示範。

例如：「小霍，洗個手，準備吃晚餐。」讓孩子知道，自己在輕聲細語之下，心情可能存在的愉悦、平靜。當然，你也可以突然轉變為大嗓門的方式嚷嚷：「小霍，洗個手，準備吃晚餐！」讓孩子猜猜，你的心情是否有所轉變。

讓孩子聽聽有人説話急切，或者結結巴巴，或者吞吞吐吐，音量拉高，語氣壓低，這當中可能有什麼情緒在裡頭。

建議你平時可藉由聽故事的方式來進行情緒猜測與解讀練習。讓孩子解讀看看，對方在喃喃自語時可能要傳達的情緒。甚至於對方説話時，呼吸急促又要告訴我們什麼心情。

情緒解讀沒有標準答案，但有比較接近多數人的答案。重點是，讓孩子了解有些情緒會躲在説話的聲音裡，而且他會願意去聆聽、去覺察、去分辨和反映。

秘訣039

回應代表的意義

要提升孩子的情緒解讀力，當然反覆地察言觀色及情緒辨識的引導，就變得相當重要。試著讓孩子知道，在交談時，如果對方不回應，或搶著打斷自己說的話，或是像機關槍般說個不停，這些不同的回應，可能是對方在告訴我們他當下的心情，同時也包括了他所要傳達的訊息。

以對方沉默不回應為例，可能是不知道該如何回應你的問題、認同你的問題、對你所說的話不以為然，或以緘默表示抗議，當然他也可能在想事情或想你的問題。這時，他的情緒可能是困惑、平靜、煩躁、憤怒或擔心。請記得，這些情緒都只是可能性之一，差別在於我們能夠確認掌握多少訊息，並試著反映情緒給對方。

秘訣040

扮演情緒導演

沒錯，你有時得扮演情緒導演。在提升孩子情緒解讀的功力上，需要你這導演幫忙提醒他觀察對方的切入點與角度。賦予角色可能存在的情緒，當然也聽聽看孩子的解讀。

如果，你的孩子自發性口語表達能力較弱，那麼就多說給他聽。有說，就有機會懂。不要畫地自限，無論是對於孩子理解的能力，或你自己需要如同導演般的解讀能力。從説話的語句、音量、音調、語氣，到非語言的眼神、表情、肢體動作等，示範與説明給孩子看，這是一種察言觀色的分享歷程。

祕訣041 肢體會説話

當小霍看著眼前雙手扠腰，瞪大雙眼，鼓脹著臉頰，口中不時發出氣息的阿凡時，他，到底看到什麼？除了前面提到的聲音部分，不時發出喘息聲是在傳達什麼情緒？小霍看見、聽見了嗎？同樣地，雙手扠腰，瞪大雙眼，鼓脹著臉頰這三件事，在小霍的眼裡到底意味著什麼？

讓孩子知道，我們的身體會説話。從頭到腳，手腳動作，臉部表情、眼神、嘴型、眉毛、額頭都會透露一些情緒的悄悄話。當然，有時它也會很大聲地向你説。雙手扠腰，或許是已經在告訴你「我生氣了」。瞪大雙眼，你就可以知道，這回我有多生氣。更何況，我還鼓脹著臉頰。當然，這是我們試著解讀阿凡飛機模型被碰的心情。

祕訣 042

看穿情緒的分解動作

人的情緒透過肢體語言來傳達，是非常微妙的一件事。有時，僅僅眼神的變化，就足以反映出對方的心情。你可以親自示範演練，或透過電影DVD分段觀看、暫停、重複，再觀看，進行情緒解讀。

讓孩子知道，單單人的眼神就有很多的變化。無論是對方閉起眼睛，瞪大眼睛，斜眼看著你，或瞇著眼，或瞪著眼，或眼珠子不停地在轉動，都有不同的含義。沒錯，有時孩子可能也看見了這些訊息，但孩子們也容易誤解或扭曲這些訊息，會錯了意。例如望著阿凡瞪大的雙眼，將對方顯露的生氣誤解成他很高興地歡迎你。而不該碰模型，這回就誤碰了。

除了眼神，讓孩子知道人的臉部表情、嘴型、手的動作等，也都隱含許多情緒的奧祕，等著我們去解讀。沒錯，或許你與孩子在練習過程中，會感到有些挫折，發現這些情緒的課題，怎麼比教室裡那些紙筆測驗更困難。不過，人之所以複雜有意思的地方，也是在這裡。

嘟嘴也行，齜牙咧嘴也罷，抿著唇也好，在這裡主要是要引導孩子能夠看見這些細微的線索，同時，進行適當、合理的情緒解讀。對方手托臉頰也好，雙手扠腰也罷，緊握雙拳也行，一起和孩子從這些語言及非語言的線索，演練再演練。我想，孩子的情緒解讀功力一定有升等的機會。而人與人的互動與溝通，就會更加親近、了解一些，更加能彼此同理一些。

問題八 如何培養孩子的同理心？

「阿洲，我跟你講，好好笑，剛剛在來學校的路上，我看見隔壁班的小喬騎腳踏車為了閃避前面一個像烏龜、走得很慢的歐吉桑，結果煞車不及，摔得四腳朝天，整個衣服都弄得髒兮兮的。」黑輪邊說邊笑得彎下腰來，無法抑制自己的興奮情緒。

「黑輪，那你有沒有注意小喬是什麼表情？我想一定很好笑。」阿洲很好奇地搭著黑輪的肩膀不斷問著。「阿洲，我告訴你那時小喬的臉超臭的，而且還被那個歐吉桑罵說：『小朋友，你到底會不會騎車？眼睛長到哪裡去了！』一臉想哭又不敢哭出來的蠢模樣，真的很好笑。」愈講，黑輪與阿洲兩人愈笑得無法克制自己。

「你們兩個臭男生，這有什麼好笑的，你們是沒有摔過是不是？一點同理心都沒有，還只顧著笑別人。黑輪，我看你只會在一旁幸災樂禍，一定沒有過去幫忙小喬。」小妘雙手扠著腰，嘟著嘴，眼睛瞪視著阿洲與黑輪兩個人。

「什麼同理心不同理心，反正小喬自己會爬起來，幹嘛還要我幫忙。而且她是女生耶，如果我過去扶她，到時候會不會被她誤會我喜歡她，想追她？喔！Ｎｏ！我可能不會愛你！」說著說著，黑輪與阿洲兩個人又相視捧腹大笑。

「你們有完沒完？真的是輸給你們，我竟然有你們這樣的同學！真是倒楣。」「唉呦，號稱我們班最美麗的小妘，你只會說我們沒有同理，不然你會怎麼做？」阿洲語氣有些酸溜溜地對著小妘問著。

「至少我不會像你們現在這樣開別人的玩笑！你知道騎腳踏車摔倒是多麼痛的一件事，更何況在馬路上，被那麼多人看見，會是多麼尷尬的事情。還有，換成你又被對方罵，你認為委不委屈？上學制服弄得髒兮兮，難道你不會擔心在學校被老師問，回到家被爸媽罵嗎？更何況，如果小喬在學校聽到你們這麼說她，你認為她會是什麼樣的心情？如果換成是我，我會氣炸了，並找你算帳，懂嗎？」

小妘拉高自己的音量再次重複著：「懂嗎？眼前兩位不懂事的小朋友。」

情緒覺察祕訣指南

祕訣043 同理心的先備條件

同理心的建立有它的先備條件，就是孩子必須要能夠先具備情緒辨識與察言觀色的能力。當具備了情緒辨識能力，孩子才有辦法在第一時間清楚的了解對方當下所存在的情緒會是什麼，有了基本的察言觀色，孩子才能夠清楚判斷所見、所感，了解對方的情緒。接著才有機會進一步反映給對方，讓對方能夠感受到自己被認識、被接納、被了解。

同樣地，孩子在培養同理心之前，仍須對自己的行為有所負責，也就是對於行為所帶來的結果要能夠先有概念。例如當孩子一腳踹了對方的肚子，如果「踹」的行為沒有換來任何後果或代價，你要讓當事人馬上站在對方的立場去感受他被踹的苦楚或疼痛，說真的，其實是有困難的。也就是說，需要讓孩子對於自己的行為先有感覺，先了解該行為的後果，才有機會進一步站在對方的立場，去體會他的感受。

秘訣044 用心揣摩

「如果你是他，你會怎麼想？」這是我們常常脫口問孩子的一句話。但孩子有時會回應：「我又不是他，我怎麼知道他會怎麼想？」當然孩子不會是他，但孩子可以試著去感受、去體驗。轉換一個角色，就像一個傑出的演員想要清楚的詮釋劇中人物的角色時，也需要去揣摩、去想像：「如果我是他，那到底會是怎樣的一種感覺？」

秘訣045 把主角換成自己

例如：當孩子看見一個小女孩騎腳踏車摔倒了，這時他需要的不是覺得對方很可憐、需要同情，而是去想像當他自己也像眼前的小女孩摔倒時，那存在於身體上的疼痛，心理上的尷尬，特別是在眾人面前。想像一下，如果眼前摔車的是自己，或許你就比較能夠同理對方的心情。「摔車真的真的很痛。我感覺到，在眾人面前摔車，讓你很尷尬，身上的傷也一定讓你很疼痛。」

秘訣046 分享切身經驗

同理很好說，不好做，但卻也是一定要做的一件事。想提升孩子的同理心，那麼，大人如何在日常生活中落實自己的同理心，就顯得非常重要。當你把自己的感受反映給孩子，孩子也會接收、體會到你對他的了解。這時，就比較有機會能夠依此細細去揣摩對方。

試著以孩子生活中會有的切身經驗和孩子討論。當他發現班上某個特定同學總是被人嘲笑、排擠，例如：「哈！肉腳，每次考試都是最後一名，你到底有沒有在念書啊！」「還是頭腦笨笨老是念不會？」「不然就是你的心腸真的很善良，老是殿後造福大家。」

你聽見了，你看見了，你是否能夠感受到對方的情緒？請記得，是對方的感受。或許這會讓你很快地聯想到自己先前的經驗，可能為你自己帶來尷尬、生氣、沮喪、難過、憤怒。一個刺激可能會為不同的人帶來不同的反應，或者是同一個人不同時間的不同反應。現在的情況是，你感受到對方的情緒會是什麼。如果你了解到他的心情，試著幫他說出來、反映出來。「我想同學說了這些話，一定讓你感覺很沮喪，為什麼他們會如此對待你？」

同理能夠讓對方感受到被了解、被接納，進一步的同理則能夠讓對方覺察到自己，並有機會解決問題，改變自己，讓自己對於情緒管理更有掌控的能力。

情緒管理 第3招
提升情緒表達力

非學不可之情緒表達力

有時，孩子的情緒上頭總是被一箱一箱的貨櫃給壓抑著。沒有出口，壓得讓自己喘不過氣來。想說不知道怎麼說，情緒沒出口，壓抑在心頭。有些情緒反應更強烈的孩子，在無法順利表達內心感受的情況下，甚至於容易出現自我傷害、攻擊對方等激烈反應。

有時，孩子說不出口。有時，孩子不知道如何說。有時，孩子不知道該說些什麼。當情緒無法適度表達，總是容易添加了防腐劑積壓在心頭。當然負向情緒存放心中過久，超過了保存期限終究還是容易變質、損壞，就像生鮮食品一樣。

培養出孩子適當的情緒表達力，讓孩子有機會在第一時間，將心中的感受如同透過雪山隧道傳達出來，讓情緒可以獲得適度的紓解，讓心中的情緒河流如溪水般潺潺流出、奔放。同時，也讓自己的心頭少了蓄積的情緒水量而自由自在。

適當的情緒表達力，可以預防孩子避免出現不符合社會規範的行為，或與當下情境不符合的行為。同時可以像聯邦快遞一般，使命必達，清楚地將訊息傳遞給對方，讓對方了解自己的感受，這是很棒的一種情緒經驗。

我們需要開始提升孩子的情緒表達力，讓孩子試著將心裡的想法與感受，透過語言、透過肢體、透過姿勢、透過文字，清楚地傳遞給對方。

我常常在演講及諮詢場合中提到「孩子不說，不表示孩子沒事」。有說、有表達，就有機會透過這扇窗了解孩子內在的想法。而孩子表達了，讓情緒有適度的出口，便能紓解開來，不再積壓，情緒管理的功力也提升了。

問題九
孩子如何表達生氣情緒？

「哈！憤怒鳥又來了！憤怒鳥又來了！快跑！快跑！」大熊又一次地鼓譟、瞎起鬨。這時只見教室裡，一群愛捉弄的男生，面對著怒氣沖沖、迎面走來的小鳴，使勁地做出各種誇張、嬉鬧的表情與動作。在小鳴即將靠近時，便作鳥獸散。

小鳴非常討厭如此被捉弄的感覺，更對於大熊常笑著說自己是憤怒鳥而感到生氣。特別是，當大熊總是愛用左手食指指向自己，笑到彎下腰的模樣，更是讓自己一肚子火。

教室裡的地板上，杯盤狼藉地散落一地的書本、鉛筆盒、文具、水壺及書包。書桌也被小鳴憤而推倒在地，他雙手抱住胸前，嘟著嘴，氣呼呼地坐在位置上，望著眼前的這一片混亂畫面。

小鳴自己知道他不該如此做。但是大熊的故意搗蛋，讓他已經忍無可忍。「我已經告訴過你，不要亂碰我的書包。你還故意，活該！」小鳴對著瞪大雙眼、愣在一旁的大熊大聲叫囂著。

「誰叫你要讓我生氣，活該！」小鳴仍然嚥不下這口氣。只是說真的，他自己曾經不止一次地向大熊說過，但似乎一點作用也沒有。「我沒有錯，誰叫他要故意弄我，是大熊應該要先跟我說對不起才對。」對於昱晴老師的詢問，小鳴仍然理直氣壯。但面對地上這一團亂及接下來該收拾的殘局，他還是感到有些焦慮不安。

小鳴很清楚知道自己的拳頭在當時總是握得很緊，而且也都可以聽見自己心裡急促的呼吸聲，特別是火氣愈來愈旺時，這樣的反應更深刻。沒人喜歡被捉弄，小鳴也是一樣。特別是一直被笑稱「憤怒鳥」這件事，常讓小鳴感到一股攙雜著厭惡、生氣、委屈與憤怒的情緒在心中翻騰、交錯著。「別再說我是憤怒鳥！」這是小鳴衷心期待的事。

昱晴老師一直在思索著一件事：「孩子該如何表達他的生氣情緒？」面對小鳴憤而將大熊書包裡的物品摔滿地，沒錯，小鳴用了他的方式呈現出自己的情緒。只是，如此地表達，似乎沒有辦法讓周遭的大人與小朋友接受。「我們常告訴孩子不要這樣做、那樣做，但重點是孩子可以怎麼說？怎麼做？」此刻，昱晴老師思索著。

情緒表達祕訣指南

祕訣 047

孩子怎麼生氣，我才不會生氣？

「孩子怎麼生氣，我才不會生氣？」這一句話，是我在許多的演講場合，常常詢問現場父母與老師的一句話。看似簡單，但是往往現場舉手回應自己曾經如此做的大人，和預期一樣，少之又少。你是否告訴過孩子該如何表達情緒？例如平時與孩子先說好：「當自己生氣或情緒不舒服時，可以進房間，門可以關。但基於安全的情況下，門不能上鎖。」

說，其實不是孩子擅長的方式。但如果可以用說的來表達，當然最好。如果，我們未曾向孩子反映或示範他們可以怎麼表達情緒，說真的，孩子還是不知如何是好，反而容易更焦慮。

細想，當我們大人平時都沒有引導孩子如何表達自己的情緒，那孩子又該如何表現呢？沒錯，你可能會說：「有啊！我都有跟他講，叫他好好說。」只是好好說，對於孩子來說太抽象，還是不知道怎麼說。我們是否有教他如何說？特別是在他平常心平氣和時演練，最容易進入狀況。

祕訣
048

不說的背後

有時，孩子不說不表示孩子沒事。有時，你會發現孩子在成長過程中，很少有機會聽到他人細細解說，尤其是在我們大人自己也很少開口表達的時候。

有時，孩子是真的不知道該怎麼說，不知道向誰說，也不知道說什麼。如果有一天孩子對我們理直氣壯地頂嘴：「你們大人自己都不說，為什麼要讓我開口對你們說？」大人該如何回應呢？

有些孩子真的也搞不懂自己當下的情緒到底是怎麼了，有時，也擔心若是自我表露太多，一股腦地說出自己的情緒，會不會影響到自己與朋友之間的關係。

例如小鳴想著：「如果我和金城講：『你老是跟我借立可白，這件事真的讓我感到很厭煩！』會不會害得金城對我的印象變得不好呢？他會不會覺得我怎麼這麼難相處？只是借個立可白，為什麼就感到厭煩呢？」

「但是說真的，對於我自己來說，這就是很討厭的一件事。為什麼你不自己花錢去買呢？」小鳴想著。

為什麼說出自己心裡的感受會成為一種讓孩子感到畏懼的經驗？有時孩子心中會有許多的矛盾與疑惑，這些衝突主要在於自己真的是有這些感受存在，但是卻又不能說出來。如果連朋友都不能說出來，經常壓抑在心裡，那還得了。

有時，孩子不善於表達，有一部分原因在於詞窮，也就是我先前所提及的缺乏情緒詞彙，使得孩子無法有效表達出自己的想法。有些孩子則是害怕在自我表露之後，容易使對方對自己產生不同的看法，而擔心受到傷害或關係生變。

秘訣049

說出我情緒

將情緒說出來，是最直接的一個方式。但是對孩子來說，可能也是最崎嶇坎坷的一段路，除非我們曾陪他走過、分享過、示範過、引導過。

孩子們如果能夠練習用說來表達，我想，對於彼此的相互溝通會是很好的一件事。但請提醒自己，孩子的情緒表達不會僅限於用「說」這個方式，而且說也不是孩子擅長的事。

那孩子怎樣才能學會用說來表達呢？當然你一定要示範。而且請在平時孩子心平氣和時先練習，在孩子情緒激動的當下，父母還是保持冷靜、少刺激，會是比較適當的選擇。在練習以說來表達時，先讓孩子清楚自己的情緒感受是什麼，同時陳述當下的情況，並使用適當的詞彙表達出來。

「不好意思，我不喜歡你靠我太近，這會讓我不舒服，你站在那裡就可以了。」

「請不要再說我是憤怒鳥，我不覺得這樣說很好笑，只會讓我感到心裡不舒服。」

「你老是愛開我玩笑，故意捉弄我，這讓我感到非常難過與憤怒。」

「怎麼辦？明天的考試還沒準備好，這讓我好緊張。」

「爸爸，我好生氣又嫉妒每次你都只陪弟弟玩。」

「我好期待也好興奮明天就可以收到我的生日禮物喲。」

「怎麼都沒有人了解我的心情，唉！這真讓我感到有些孤單又寂寞。」

「嗚嗚，好傷心喲，這次段考怎麼考出這樣的分數，我真的有很努力的準備。」

當孩子清楚表達出自己的想法與感受，也比較容易讓對方有機會在第一時間清楚理解。

祕訣050 控制憤怒的語調

把情緒說出來，除了所說的內容之外，當中所使用的語氣與音調也是非常關鍵的。同樣的字句，採取不同的語調，例如軟弱、輕柔、堅硬、激昂或高亢等，當中所傳達出來的訊息都會不一樣，你可以和孩子一起練習猜猜看。

當孩子選擇以說的方式表達自我的情緒，例如生氣或憤怒時，語氣與音調的控制同時也反映著自己對於情緒的掌握。有時，孩子破口大罵，雖然也傳達著自己的情緒，但在情緒表達的拿捏上，也容易因為失之準確而導致另一波的口角或衝突。

「你幹嘛對我這麼大聲說話，我是欠你是不是？」

「誰叫你在旁邊鬼叫鬼叫，聽得我非常不舒服。」

「吵到你可以好好講啊！幹嘛在這麼多人的面前對我大聲，不覺得這樣讓我很丟臉嗎？」

「我就是生氣，為什麼不能大聲？難道還要讓我低聲下氣的說嗎？」

「難道你在眾目睽睽之下，這麼大聲說，我不會生氣嗎？」

「我管你氣不氣，是你先吵到我的！」

沒錯，憤怒的情緒總是容易令人將語調拉高、音量加大。但你可以想像，這樣子的對話再持續下去，兩方的衝突大概又要一發不可收拾。這可能不是彼此期待的事。可以思考一下，說出心中的怒氣時，是否只考慮自己情緒紓解就可以？如果說出來之後，反而造成另一波的衝突，這時是否在情緒表達力上可以再做些調整與修正？

有時，孩子想說、想表達，但又顧慮到自己是否會因此造成更大的困擾。你可以試著教孩子在說話的語氣與音調上慢慢將聲音往下壓，避免語調拉高。下壓的語氣可以讓對方更能夠感受到你的態度堅定，同時也反映出你對於情緒的穩定控制。

讓孩子感受一下，當把心裡想說的話說出來，那會是一種怎樣的感覺。痛快？舒暢？當孩子能夠體驗到說出來的強力效果，至少心裡有得到紓解的作用，這時，就比較能夠讓他自己習慣這樣的模式。請記得，說是為了表達自己的感受，並不是用來吵架、指責對方。

祕訣051 具體說分明

要讓孩子能說肯說，平時大人的示範與孩子的演練很重要。特別是對於年紀小的孩子而言，試著以更具體的方式表達，孩子會更容易了解。例如「開玩笑」或「捉弄」，對於部分孩子來說，可能無法了解當中的意思。這時，你可以視孩子能夠理解的程度，再用不同的方式表達。

例如：「你老是愛笑我說是雞蛋頭，故意把我的課本藏起來，這讓我感到非常難過與憤怒。」或對於孩子常說的「你很煩耶，吵死了」，試著調整成「我現在需要頭腦冷靜地寫功課，請你保持安靜，要玩請到客廳去」。

對於情緒的表達，不表示孩子總得把情緒字眼掛在嘴邊。但孩子開口「你老是愛捉弄我」，或者只模糊地表示「你很討厭」，其實，這些訊息還是少了一些。當然如果孩子能夠比較完整地呈現「你老是愛捉弄我，這讓我感到很討厭」，這時，聽的另一方，或許可以更清楚地接收到你所要傳達的訊息。

你和孩子會發現，當你清楚地告訴別人自己當下的情緒，例如：「我現在心情很焦慮、很混亂，能不能先不要再說了，我需要冷靜一下。」這時，對方對於你的訊息就比較能夠在第一時間適當地接收。否則，如果僅表達「我現在心情不好」，對方還是弄不懂自己到底要什麼。

有時孩子礙於關係及他人對自己可能存在的負面印象，往往不太敢把話說得太直白。但讓孩子知道，就事論事，他在表達上或許也比較有可以依循的方向。

指責請迴避

請記得，具體的關鍵在於問題的過程陳述，而不在於批判、指責、揶揄、謾罵對方。你可以說出自己的感受及你所觀察的過程，但不要把焦點放在以負向語言刺激對方。指責性的表達方式，對於彼此溝通並沒有太大的助益。有時，反而讓對方更容易忽略了自己所要傳達的情緒感受。

「你真的很討厭耶，活像隻烏鴉吵死人了，能不能安靜一點，我在看書耶。」這一句，雖然表達了自己的感受，但將對方形容成「烏鴉」，卻也讓問題失焦了。這時「烏鴉」兩個字，只會讓對方覺得你在辱罵他，而感到不舒服，反倒很容易造成另一波的衝突。「你才是烏鴉勒！我看也像貓頭鷹、啄木鳥，自己平時還不是很吵，看書就看書有什麼了不起的。」

或許試著讓孩子調整一下說話的方式，例如：「不好意思，我現在正在看書，這麼吵，會讓我感到有些厭煩，容易分心，是否可以保持安靜一些？」畢竟，情緒表達力是一種溝通的模式。重要的是，在這樣的表達模式下，能夠為自己換來好心情。

非語言表達

有時，非語言所要傳達的情緒力量往往勝過於語言表達。請讓孩子知道，除了說之外，也可以用肢體語言表達出自己當下的正負向情緒，例如跺腳、握拳、撇開視線、嘟嘴、不說話、離開現場、轉而看自己的書等。但請提醒孩子，這些非語言的原則是在不影響與傷害自己和別人的前提下才適合。

孩子是否知道自己憤怒時，非語言會如何呈現？是緊握拳頭？是眼神怒視？是雙唇緊閉？還是雙手抱胸？你可以和孩子一起覺察自己最感憤怒的身體語言會是什麼；同樣也敏感於對方生氣時，總是呈現出什麼樣的非語言表現。

祕訣
054

情緒表達，看場合

「你在幹嘛！誰叫你偷喝我的飲料！」小鳴在餐廳裡大聲地斥喝著弟弟，頓時引起鄰座客人的側目。「小鳴你也小聲一點，這裡是公共場所，你知不知道？」媽媽壓低音量對著怒氣沖沖的小鳴提醒著。「誰叫他要偷喝我的飲料！」小鳴再度拉高嗓門。媽媽可以感受到小鳴的生氣，也可以接受因為弟弟偷喝他的飲料而生氣的感受，但媽媽疑惑的是：「到底孩子能不能在公共場所大聲地表達出自己的情緒？」

這就回到一件事，我們接受孩子的情緒，並不表示認同孩子的所有作為。對於自我情緒表達來說，在合理範圍內，在不影響與干擾他人權利的前提下，孩子是有他的自主性，可以採取不同的方式來表達自己的情緒感受，特別是生氣或憤怒。因此，在公共場所中，縱使孩子心情不好，在維護他人的權利下，仍然必須適度修正自己的表達方式，無論是語氣、音量或音調。

表達情緒的權利

孩子到底該如何表現自己的情緒？這裡有一些想法，你可以參考。一是不傷害與影響自己或他人。二是讓對方可以理解。三則是如此表達之後，不會對自己帶來更糟糕的結果（例如，當同學不小心碰觸到自己的手臂，讓自己感到不舒服的情況下，憤而衝過去緊咬對方的手臂等）。

在情緒表達這件事，讓孩子理解，每個人都有表達自己情緒的權利。差別在於如何在不造成他人或自己的傷害與困擾之下，做出適當的表達方式，這概念必須再次強調。接納情緒，但不一定認同自己可以做出任何的事情。合理的設限，可讓情緒表達符合社會規範。

「誰叫他故意惹我生氣！所以我才會動手打他，算他活該！」你常常會發現孩子在起爭執與衝突時，總是容易脫口說出這些話。沒錯，孩子在當下表達出他自己的情緒，但重點是我們接受他的情緒，並不表示接受他動手打人這件事。

「小鳴，媽媽能夠感覺到同學故意招惹你，為你帶來生氣的不愉快情緒。但是生氣是一回事，卻不表示我接受你動手打人這件事。」

重點也在這裡。如果孩子不能夠動手回擊，那他可以怎麼表示？如果我們平時沒有教導他，只是一味地告訴他不能動手，其實孩子還是不知道自己該怎麼做。

這也是為什麼一開始我會提到在平時大人必須先示範，或引導孩子認識自己在生氣時可以表達的方式有哪些，因為孩子需要有一些正向處理生氣等負向情緒的經驗。

當然，另外一個重點是，孩子仍然需要對自己動手打人這件事負起責任。

「小鳴，關於你動手這件事，你認為應該怎麼處理，我們可以怎麼做？」我會問孩子這些話，雖然他們並不見得能夠或願意回答，但是當你壓低音量說出這句話，其實孩子多少能夠感受到他動手這件事是不被接受與允許的。

問題十
當孩子無法說出感覺

雁子總是感覺心裡似乎有個空洞。她知道這樣的感覺很不好受，但是自己卻也弄不清楚到底怎麼了。一股無法說出的感覺總是壓得自己喘不過氣來。「我知道，我的心情不對勁。但是，我真的、真的說不出來那是一種什麼樣的感覺。」

雁子知道其實自己平時很少想這些事情，縱使現在高一了，還是習慣等事情發生了再說。「沒錯，一切等發生了再說。」這是雁子總掛在心上的一句話。但發生了再說，卻也讓自己每回都陷入不知道該如何是好的困境。

就像雁子腦海裡不停盤旋的那股聲音：「不是我不想說，只是我真的不知道該怎麼說。我找不到該用的字眼來表達這樣的感覺。」一股莫名的情緒低氣壓繼續滯留在雁子的心中，久久無法退去。

「雁子，你到底怎麼了？你說說看嘛！不要把媽媽嚇著了。」「雁子，你沒說出來，媽媽真的很難猜出你到底怎麼了。」這些話雁子媽媽已經問了不下數十次。只是一次一次地追問，卻也讓她感到更不舒服、更無助。

「說真的，我只覺得自己的心情很奇怪，但是說不出那是一種什麼感覺。如果我自己能夠清楚知道心情到底怎麼了，或許就不會像今天這樣。」雁子心裡激動地想著。有感覺卻說不出來，只知道這樣的感覺很混亂，對於雁子而言，真的無法說分明。

情緒表達祕訣指南

祕訣056　大人請先說
祕訣057　當孩子口語有限
祕訣058　寫出我情緒
祕訣059　畫出我情緒
祕訣060　玩出我情緒
祕訣061　情緒垃圾，適度傾倒

祕訣062 同樣反應，不同原因
祕訣063 「我……因為……」的造句

祕訣056 大人請先說

請記得，當我們大人很少自我表露時，可以預期孩子也會複製我們的行為模式。你少講，他就少談。他少談，你就無從知道孩子的內心到底在想什麼。

有時父母會礙於自己的形象——一種希望在孩子腦海裡留下強者的完美形象，往往也避而不談自己的負面情緒，讓孩子在心中存有一個假象，認為父母都能夠好好處理自己的情緒。而另一種則是少了表達與分享，使得孩子沒有機會聽見父母如何面對自己的負向情緒。

請提醒自己，分享並非在說完之後，就對孩子存在改變的期許。你可以感受一下是否透過分享之後，彼此能產生心理上的共鳴。

祕訣057 當孩子口語有限

情緒表達，若可以用說的當然很好。但是對於部分孩子而言，直接以說來表達卻是不容易的事。例如學齡前的幼兒、語言發展遲緩的孩子、不善於溝通的泛自閉症孩子等。

如果家中孩子的語言表達仍待加強，這時你可以選擇直接幫孩子反映情緒，試著幫他說出當下的感受，這是同理的最基本練習。順利的話，如果你表達適切了，孩子有時也會接收你的話，並且仿說、再輸出。這時，對方也比較有機會懂。

祕訣058

寫出我情緒

「雁子，你剛剛對我說話的態度真的讓我感到失望。我不知道你為什麼會講出如此冷漠的話。或許我們父女相處的時間不多，我們可能真的猜不透彼此的想法，但你這樣的說話語氣和態度，真的讓我心裡很受傷。」

「親愛的雁子，從你放學回來後，媽媽似乎感覺到你難過的心情。雖然，我不知道今天在學校裡你經驗了什麼事，如果你願意和媽媽分享心事，我會隨時在家裡等候。」

有時你會發現，無論是自己或孩子在情緒激動的當下，很難冷靜、清楚地以口語表達，向對方傳達出自己的訊息。要不然就是孩子到了青春期之後，直接的口語溝通好像尷尬了些。這時，若孩子已經具備閱讀文字的能力，你可以改由書寫的方式作為表達的媒介，或許較為適合與貼切。

透過書寫，讓孩子能夠逐漸沉澱自己的思緒，並覺察自己的想法，及與周遭他人的關係。透過書寫模式，試著讓孩子沉澱下來，再慢慢咀嚼自己的情緒感受，以及與他人的互動關係。

書寫的另一種好處，是可以把留在紙張上的文字適時地拿起來閱讀與瀏覽，並慢慢思索當中所要傳達的訊息。甚至於像未來信一般，寫信給未來的自己，讓孩子練習自我對話。

祕訣 059

畫出我情緒

和你分享一部法國紀錄片——《畫出你自己》（*Draw Yourself*），在這部影片中，導演透過四千多個孩子天馬行空的想像力，盡情地表達、反映出屬於每個人的純真性情。這部影片對我來說，傳達了一項非常重要的訊息：「每個人都有屬於自己特有的表達方式」。

繪畫不像說話，少了一些既定的規則與框架，透過線條、形狀、色彩、構圖等排列組合，對於年幼的孩子來說，比較能夠盡情自在地揮灑。

藍，一定代表憂鬱嗎？黑，通常反映陰暗嗎？紅，就是所謂的憤怒嗎？我想，當然並非如此。你可以試著從孩子在繪畫的過程中，自己所觀察到的語言及非語言線索，來細細推敲與揣摩孩子的心情。

幫孩子說說他心裡面的話，這是我一直建議父母與老師可以嘗試的同理練習。當你說出了，猜近了，感受到了，了解對了，孩子的情緒就容易趨於平靜。你和他多些說明，多些同理，孩子就有機會表達與仿說你對他說的話。

人與人的溝通與互動，看似存在著許多的規則與標準，但在畫與話之間，其實沒有一定的答案。這世界的美好與微妙，我想，就在於每個人都可以在合理範圍內尊重彼此的表達方式。

祕訣060

玩出我情緒

對於不善於自我表達的年幼孩子來說，是需要我們仔細地覺察他們在遊戲活動中的表現方式，並試著反映出他的情緒，讓他覺得被了解，並在未來適當時間再次反映出來。

有時，孩子會將玩偶擺放在特定的角落，表現他所經驗的孤單或寂寞。有時，孩子會拿起兩台迴力車相互對撞，展露他的生氣或憤怒。有時，孩子會將小兵埋藏在沙堆中，暗示他的傷心或難過。有時，孩子會舉起彩帶旋轉飛舞，散發出他的快樂與喜悅。當然這些情緒的解讀只是眾多可能性之一，解讀，沒有標準答案。但只要你願意靜下心來觀察、體會與了解，你將會慢慢找到接近眼前孩子內心感受的答案。

祕訣061

情緒垃圾，適度傾倒

你多久倒垃圾？除非逢年過節垃圾車休假暫時停止收倒，不然，我想適時傾倒會是比較好的做法。其實心中積壓的負向情緒也是如此。在心中擺久了、放久了，真的如同堆積的垃圾容易發酸、發臭，影響自己的生活。因此適時地傾倒心裡的垃圾是有必要的，至少可以維持心中純淨空間的舒適，讓孩子試著懂這樣的道理，讓他了解情緒表達與紓解的重要性。

祕訣062

同樣反應，不同原因

有些孩子可能會感到困惑，為什麼有人看球賽贏了也會興奮地尖叫？對方沒有經過允許就亂碰自己的玩具，也會讓人氣得尖叫？而有時，媽媽在看恐怖片時，也會害怕地尖叫？

沒錯，試著讓孩子知道，同一個反應（例如尖叫）可能存在著不同的情緒表達，而不同的情緒也可能會帶來同樣的反應。例如有人難過得說不出話來、有人氣得不想說話、有人焦慮不安卻無從說起。

「我……因為……」的造句

當孩子仍然不太能夠充分地表達情緒時，或許可以試著給孩子練習簡單的句型，像是「我……因為……」作為練習的參考。例如：

「我好難過喔！因為這次大隊接力的名單裡竟然沒有我。」

「我好羨慕弟弟，因為他都可以跟媽媽睡。」

「我很生氣，因為妹妹老是愛亂動我的東西。」

「我好孤單，因為在班上都沒有人願意跟我玩。」

「我很失望，因為爸爸竟然忘了今天是我的生日，沒帶生日禮物回來。」

當孩子能夠逐漸運用上述語句後，再慢慢修飾表達的方式。

問題十一

孩子總是自我傷害怎麼辦？

「啊……啊……啊……」阿朗拉長嗓音放聲大叫，刺耳的聲音劃破這個寧靜的夜晚。阿朗握緊拳頭，二話不說，朝著自己的右太陽穴猛力地敲打。這突如其來的動作，讓阿朗媽措手不及，焦急地試著想將他的手制止下來。但畢竟阿朗的力道還是強勁了些，那激動的兩三拳，著著實實地也揮向了阿朗媽的心坎裡，心疼、痛著。

這已經不是阿朗第一次激動地自我傷害。阿朗媽其實心裡知道，平時悶不吭聲、壓抑的阿朗，心裡有許多的話想說、要說，但偏偏又不愛說。媽媽可以嗅到阿朗的激烈動作裡，似乎藏著許多委屈、憤怒與不安。只是孩子不願意說出口，常讓阿朗媽亂了陣腳。

「阿朗，你怎麼了？你說啊你！不要再打頭了啦！你這樣子讓媽媽很心疼。」說著說著，阿朗轉而用力咬著自己的右手腕遲遲不放。牙痕深深地烙印在孩子的手腕上，這時，也讓阿朗媽情急地落下淚來。

阿朗媽這些年來，一直感到很困惑。「為什麼阿朗這孩子老是要這樣傷害自己？心裡頭有什麼事說出來不是舒服多了嗎？」「他這麼做到底是要表達什麼？抗議什麼呢？」每回在一陣激動情緒及自我傷害之後，阿朗整個人就呈現出虛脫的樣子。看在阿朗媽的眼裡，著實心疼不已。

以前阿朗年紀小，每當自己打著頭、咬著手，阿朗媽多少還可以制止得住，畢竟當時的阿朗塊頭也小了點，阿朗媽當年也年輕了些，說體力也有那麼一點。但現在阿朗已經上了國中，論體格與體重，加上情緒激動後的力道，阿朗媽確定自己現在是沒辦法制止得住孩子了。

「哎呀！這到底該怎麼辦呢？一直這樣下去也不是辦法，哪天打著打著傷到自己的腦袋，那還得了啊！」阿朗媽焦慮地向阿朗爸說著。

情緒表達祕訣指南

祕訣064　傷害的替代方式

祕訣065 冷卻激動心情
祕訣066 敲出好心情
祕訣067 找出自己的歌

祕訣064 傷害的替代方式

無論是打頭或是咬手，無論孩子是宣洩情緒或是要引起你的注意，畢竟這些傷害自己的方式並不適合出現。在尚未找到孩子打頭、咬手的原因之前，或許下一次發現孩子又將出現類似行為時，請試著給孩子其他的替代方式。例如讓他手上緊握海綿、軟球或抓握毛巾。當孩子小一些，你可以緊握他的手，或帶著他拍拍手，關鍵都在於不讓孩子繼續傷害自己，先以其他方式替代這些不當行為。

祕訣065 冷卻激動心情

建議平時可多留意哪些方式，可以讓孩子冷卻自己的激動情緒。由於每個孩子的個別差異很大，你可以想一想屬於自己孩子的方式有哪些？例如當孩子情緒一激動時，播放他喜愛聽的輕柔音樂或喜愛的影片，或想到他最愛的雪花冰或冰淇淋，以便轉移注意力，冷卻激動情緒。

祕訣066

敲出好心情

有時，孩子會將心中積壓的憤怒情緒，透過樂器的敲打來釋放，無論鐵琴、木琴、大鼓、小鼓、鈴鼓、三角鐵、鈸或鑼都可，當然爵士鼓也行。在一鼓一棒之間，透過音樂節奏的昇華，讓自己的情緒轉換至旋律裡。透過打擊樂器作為媒介，也慢慢學習如何控制自己的情緒。

祕訣067

找出自己的歌

你也可以讓孩子知道，當自己生氣時，可以試著在心裡哼唱著自己熟悉的輕快旋律。「孩子，你知道嗎？當爸爸心裡感到有一股怒氣時，就會想到要唱貝多芬的〈快樂頌〉。在心裡唱著唱著，自己的好心情就會浮現起來。」當然，貝多芬的〈快樂頌〉只是一個例子，你一定可以與孩子找到屬於他的歌曲。別忘了，平時讓孩子沉浸在自然音樂裡，也是一種舒緩情緒的調適。

情緒管理 第4招

提升正向思考力

非學不可之正向思考力

我一直相信正向思考是可以訓練的一件事。正向思考其實決定著孩子面對周遭事物時，他習慣性的解釋方式。正向思考往往為孩子帶來正向的情緒感受，同樣地也讓孩子能夠積極行動，往自己原先設定的目標前去。

正向思考，其實一直很少被大人注意。這當中很大的原因之一，在於現在親子溝通的時間真的太少。我們花了許多時間要求孩子，無論是在學業上、生活上或才藝上的表現，孩子則花了許多力氣跟我們索求物質，無論是上網時間、點數儲值或更換手機等。但我們卻少了彼此傾聽與交換內在心靈的對話。也就是說，孩子心裡在想什麼，說真的，父母也不一定曉得。

當然，這也影響著父母無法清楚判斷孩子當下看待事物的習慣與解釋。孩子沒說，不表示沒事，這一句話再次提醒著你我。為什麼有些孩子常常反映想不出來，我想有一部分和孩子不勤於思考的習慣有關。如果我們自己也總是需要對問題想很久，或許我們對正向思考也不熟悉。

思考有時像是走在岔路口，你要選擇向左走或向右走，要這樣想或那樣想，其實決定權總是在自己的一念之間。你是否有注意自己的孩子是習慣望向亮點？還是老是陷入於暗點？在思考的這件事情上，孩子是如何選擇觀看事物的角度？翻轉吧！想法，一起協助孩子提升正向思考力。

問題十二
孩子對於批評很敏感怎麼辦？

「喂！資源班的，記得該去上課。」皮蛋故意拉高嗓門對著阿富嚷著。這時，只見阿富握著拳，怒氣沖沖地回應：「關你什麼事！你才是資源班的，資源回收班的！」說完，鼓脹著臉，對著皮蛋的頭，作勢想要一拳揮下去。

「哈！怪咖一個，滿腦子都只是水草。」一聽到「怪咖」兩個字，頓時讓阿富發出一串長長的「啊……」尖叫聲，隨後並用力地將數學課本摔向治青。「阿富，你在做什麼？反應未免太過度了，去把課本給我撿起來！」汪老師不以為然地說著。

關於皮蛋與治青老愛說的這些話，聽進阿富的耳朵裡，心裡是非常、非常地不舒服。而汪老師的那一句：「阿富，你在做什麼？」也讓自己覺得被誤解而深感委屈。

「他們都是故意的！我就知道我討人厭，他們每次都只愛說我、笑我念資源班。不管我喜歡什麼，別人就是會嘲笑我、說我怪！連數學老師都誤會我。」阿富回到家，心有不滿地對著媽媽哭訴著。

說真的，阿富媽也感到有些無奈。她知道班上的皮蛋與治青說話很直接，這部分自己也曾經向汪老師反映過。只是對於班上的孩子彼此說什麼話，如果沒有明顯的言語嘲諷、辱罵或攻擊，汪老師表示也莫可奈何。

「唉呦，媽媽，有時阿富的反應也很敏感啦！往往對方沒那個惡意，但是都會被他解釋成是在說自己而生氣。」汪老師邊向媽媽抱怨邊說著：「像有一回在班上我對著阿富說：『你到前面來，幫忙老師發一下聯絡簿。』結果，阿富他竟然回答：『老師，那是班長的事情，你幹嘛找我麻煩，又不關我的事。』你說，我幹嘛找他麻煩？」

阿富媽心中有些無助與擔憂，「我家阿富對於批評這麼敏感怎麼辦？」雖然她知道孩子在面對生活周遭事物的解釋上，往往容易出現二分、非黑即白、以偏概全，或解釋成對自己不利的想法出現，這常常讓他自己陷入焦慮、浮躁或生氣。

「不要問我，我不知道啦！」「我怎麼知道我在想什麼？」「幹嘛一定要想，不想不是很好嗎？」「我為什麼要自尋煩惱？」當媽媽苦口婆心地提醒著阿富，他總是如此連珠炮似的脫口回應。

正向思考祕訣指南

祕訣068 想法一直都在
祕訣069 思考，從父母先做起
祕訣070 「非黑即白」的困境
祕訣071 避免以偏概全
祕訣072 當情緒海嘯來襲
祕訣073 「預言失敗」最靈驗
祕訣074 千錯萬錯都是我的錯
祕訣075 不合理的高標設定
祕訣076 強化正向思考，轉為積極行動
祕訣077 正向思考不等於合理化
祕訣078 找出思考的自動模式
祕訣079 反駁負向思考
祕訣080 讓自己換另一個想法

秘訣 068

想法一直都在

「我不知道，我沒有想法。」有時，你會發現孩子總是這麼事不關己地脫口而出。但想法一直都在，只是平時我們很少去翻弄它，很少去擦拭想法上的灰塵，但當想法積滿塵埃，讓自己過敏喘不過氣，這其實已經影響孩子的生活與學習。

引導孩子覺察自己其實是有想法存在的，特別是當你發現眼前這孩子不喜歡思考的時候。讓孩子知道有想法存在這件事，他就有機會可以一睹居住在腦海中的這些朋友到底是如何看待周遭的事物，如何去解釋。

秘訣 069

思考，從父母先做起

常常發現，有時孩子不愛思考，是因為背後的父母本身往往或許也不是那麼愛思考。如果加上親子之間不對話，這時不想、不覺察，就沒有機會找到問題的核心，也就沒有機會進行轉換。

孩子不愛想，到底會怎麼樣？不想，當然就沒有機會了解自己當下的想法會是什麼模樣。有時，孩子的想法會不知不覺中影響到他的情緒，當然也包括他的行動。你會發現孩子真的不喜歡動腦思考。當思考少了，自我覺察少了，要適時預防就真的難了。

所以，親愛的爸爸媽媽們，是該從我們開始，練習覺察與審視我們的想法，並與孩子分享、討論，讓孩子有機會看見自己腦海裡的所思所想。

祕訣070

「非黑即白」的困境

試著留意一下孩子的想法，是否很容易出現僵化的二分法。對於日常生活事物或刺激，很極端地把它歸在天秤的兩端。事情不是這樣，就是那樣，缺乏灰色地帶，沒有彈性可言。想法容易陷入二分的孩子，在面對複雜多變的生活上，其實是相當不利與辛苦的。例如：「他不是好人，就是壞人。他不做我的好朋友，我們就是敵人。」

祕訣071

避免以偏概全

仔細留意你的孩子是否容易出現如此的現象，在解釋事情時，容易偏頗，並傾向於把看到的一小部分，解釋為全部都是如此。例如其實班上排擠自己的只有兩三個人，但孩子卻把它解釋成：「我就知道全班的同學都不喜歡我、討厭我，反正我怎麼努力、怎麼做，都沒有人會和我同一組。」

秘訣072

當情緒海嘯來襲

有時孩子情緒激動時，往往如同海嘯一般，強烈的情緒總是容易將思緒淹沒。這多少也提醒了父母或老師，面對孩子強烈的、激動的負向情緒反應，特別是憤怒，請記得，在處理上，要先透過冷靜、少刺激的回應，幫助孩子的情緒海嘯先逐漸退去，再和孩子討論與溝通。

秘訣073

「預言失敗」最靈驗

「唉呦，不用準備我都已經知道結果。反正這次段考又會有一半科目不及格了。」

「幹嘛這麼拚，三班的籃球這麼強，我們一定輸的啦，不用比就知道了。」

「找人也沒用，哪有誰會想要和我同一組？找了也是白找，只是讓自己更難堪而已。」

你是否發現孩子總是像個水晶球的魔法預言師，而且法力很強，總是預言自己的失敗，於是在自我的負向提醒下，每回都幾乎百分之百的應驗。孩子不一定沒有能力，但如果他總是陷在自我失敗的預言上，在如此負向思考的醞釀中，往往真的就容易往自己設定的失敗方向前進。

千錯萬錯都是我的錯

「各位同學不好意思啦！這回都是因為我接棒沒接好，才造成我們班的大隊接力被淘汰。真的很抱歉、很抱歉。」

「我知道都是因為我不聽話、書念不好、在校成績差，才讓爸媽每天都因為我的事情在吵架。都是我不對，我應該要改、應該要改。」

「對不起、對不起，都是我報告沒準備完整，才害我們這一組被老師扣了二十分，真的很過意不去，下回我一定改進。請原諒、請原諒。」

有時，一件事情發生了，特別是當結果不如預期時，往往會有兩種聲音出現，一種是「千錯萬錯都是別人的錯」的外歸因特質；另一種則像上述的「千錯萬錯都是我的錯」的內歸因傾向。

前者，常把原因歸咎在他人，好處是自己比較不容易處於負向情緒，但缺點則是不容易覺察自我的缺失，以便做出改進，因此容易停滯不前，也包括在人際關係上容易出現他人的反彈與排斥。

後者則是常把原因歸咎於自己，好處是看似自我要求很高，對自己的行為表現出擔當的勇氣，但如果總是將失敗往自己的肩上攬，往往也為自己帶來不必要的壓力與負向情緒，特別是憂鬱反應。

不合理的高標設定

「媽媽，這次的數學、國語和英文，我一定都要考九十五分以上，這回我一定要領獎學金。」雖然孩子看似具有很強的戰鬥意志，但整學期下來，無論大小考，孩子這三科的分數還是落在及格邊緣。

「這次的班服設計選拔，我一定要拿到全班除了對手之外的所有贊成票，來證明我自己在班上的人緣及在設計方面的功力與肯定。」面對熬夜趕設計的孩子，抱持著必勝的決心與毅力，雖令人動容，但是給自己設定的贊成票高標，往往也讓父母與老師捏了把冷汗。因為很難想像，無法完成時，孩子會出現什麼激烈反應。

祕訣
076

強化正向思考，轉為積極行動

延續上述阿富資源班的例子，讓孩子練習強化正向思考，並嘗試寫下來。例如：「嗯！因為資源班的課，星期一到五都不一樣，所以我應該要試著把上課的時間記清楚，免得老是忘記要去上資源班的課。」

「我知道什麼時間該做什麼事情。星期二上午第三節上社交技巧課，星期三早自習國語補救教學，星期五下午第一節上感覺統合課。」讓一句乍聽像是負向刺激的話語：「喂！資源班的，記得該去上課。」透過正向思考，也能轉化成一股正向積極的行動，讓自己練習記錄與自我提醒上課的時間。

相同地，「如果班上同學對於水草或生態有疑問的話，我可以試著用簡單的例子讓他們懂。」讓原先對「怪咖」一詞的敏感，透過正向思考，也讓孩子學習在對的時間說對的話。

祕訣077

正向思考不等於合理化

請記得，正向思考與合理化並不一樣。正向思考通常為當事人帶來正向的能量改變，意即當下的正向想法能夠換來積極的行動。合理化有時雖能夠暫時讓當事人的心情趨於緩和，但卻容易讓自己的行動停滯不前，結果問題仍然存在，沒有改變。

例如當孩子在分組中，總是被排擠，不容易找到願意接納的組別時，如果採取正向思考的話，孩子的想法可能會出現：「我想，同學不願意讓我加入，應該是不清楚我真正的實力在哪裡。這回，或許我應該把前幾次參加美術比賽的作品先和他們分享，讓他們有機會了解我的繪畫實力，以及自己可以對報告的封面設計有所貢獻。」這時，孩子當下的正向想法能夠喚起自己積極的行動，再次為加入分組這件事解套。

反過來，如果孩子採取的是合理化的反應，則容易出現如此的對話：「我想，他們不願意讓我加入，是他們那一群早就是死黨，彼此都很熟悉了，才會把我排除在外啦。」這麼想，雖然能夠讓自己心情好一些，但卻容易造成自己對於加入分組這件事沒有行動，被排擠的問題仍然存在。

如果以上述阿富感到被同學嘲笑一事為例，以合理化來說，阿富可能會這麼想：「我想他們不一定是針對我，很多資源班的同學回到原班教室也都會被說，所以不只我是這樣啦，不用和他們太計較。」雖然這麼想，阿富的心情會好一些，但是感到被嘲諷的問題還是沒有解決。

換個正向思考的方式來說：「我猜他們對於資源班到底在上什麼課應該不了解，才會對我這麼好奇。或許，我可以邀他們到資源班看看，讓老師來告訴他們，我們到底在上什麼課。」

祕訣078 找出思考的自動模式

當孩子聽到這句：「喂！資源班的，記得該去上課」時，你可檢視、聽聽看孩子對於這句話的立即反應。例如：「我就知道他們都討厭我，每次都愛說我、笑我是念資源班的。」

或者，當家中孩子聽見這一句話：「哈！怪咖一個，滿腦子都只是水草」時，他的自動化反應會是什麼？例如：「我就知道，不管我喜歡什麼，同學就會笑我怪！」這兩個例子，你都可以看見孩子的自動化思考傾向於負面。

你可以試著觀察，並讓孩子練習覺察自己是如何想事情。可以丟出一句話之後，讓孩子覺察自己可能會怎麼想。這個能力，當我們不太去練習它時，你會發現，久而久之，孩子與父母也都不太能弄清楚自己究竟是怎麼想的。那麼要進行轉念，想法的調整就會有所困難。

引導孩子自動找出自己的想法，試著開始拋磚引玉丟出問題。例如：

「當走在路上有人眼睛看著你，你會怎麼想？」

「當發現媽媽板著臉、不說一句話時，你會怎麼想？」

「當老師說，現在課本收起來，臨時抽考，你會怎麼想？」

「當同學問你，今天怎麼遲到了，你會怎麼想？」

「當你發現爸爸忘記帶生日禮物回來，你會怎麼想？」

「當運動會時，班上的大隊接力跑輸了，你會怎麼想？」

請腦力激盪，你還可以延伸出更多的想法。如果孩子回應說「不知道」，請先示範一遍，再問一次。

祕訣 079

反駁負向思考

反駁自己存在的負向思考，讓孩子練習自我對話。例如針對上述兩個例子，進行以下自我對話的反駁。例如：「其實也不是每個人都會像皮蛋那樣說，有時小嫩就會輕聲細語對我說上課鐘響了，該去上課喲。」或者：「在自然課，每次老師講到生態與水草時，常常都說我是班上最懂的，就像個水草專家一樣。」

讓孩子將原先很容易解讀成「全有」或「全無」，或「自己總是被所有人嘲笑」的想法，透過自我反駁的方式，轉換成「並非所有人都是這樣，只有特定的人才這麼做」的思考。這樣的釐清，可以減緩負向思考的強度，特別是放大對象所帶來的壓力。同時也為自己找到有利的證據，例如老師對於自己的肯定與讚美。

讓自己換另一個想法

引導孩子運用另外的想法來解釋原先的事物，例如：「我想皮蛋會這麼說，或許是因為關心我，才會提醒我，告訴我該去上課。說這麼大聲，我想是要讓我可以聽見。」或者：

問題十三
孩子總是容易負向思考怎麼辦？

夢涓想要維持心情的平靜，但是心中似乎總是有一股莫名的哀傷覆蓋著自己的思緒。如此淡淡的哀傷，讓夢涓無法更專注於學校的課業，特別是再過一個月就是畢業考試的日子，但心中卻被這股哀傷所籠罩，讓自己無法有動力做任何的準備。

「為什麼？為什麼？我的眼淚老是不聽話地直流？」不知為何，夢涓的思緒常處於一片空白，偶爾則浮出這樣找不到答案的疑問。書桌前的課本仍然翻開著，停在固定的頁數上，而夢涓則眼神空洞地望著書頁。

「夢涓！夢涓！你怎麼了？到底發生了什麼事？你可不要嚇我耶，什麼事情讓你那麼難過？是不是有人欺負你？你說話啊！你這麼一直哭、一直哭地猛掉淚，會把媽媽嚇著的！」

夢涓對於一旁焦慮的媽媽的提醒，聽若罔聞，沒有反應，繼續自顧自地啜泣。「反正我怎麼準備都沒有用，這個家有沒有我根本都不重要。努力這麼久了，還是考成這樣，反正我就是差勁。」

「夢涓啊！你可別這麼想，你怎麼會不重要呢？在我們這個家，你和妹妹夢渝都是爸媽心中最疼愛的寶貝啊！」夢涓的淚繼續流著，無論一旁的媽媽如何苦口婆心地勸著，都無法讓她的淚停止。

「孩子啊！你到底怎麼了？」說真的，夢涓自己也不知道，只知道自己的想法總是灰濛濛的一片。

正向思考祕訣指南

祕訣081　趕走「愛找麻煩的傢伙」
祕訣082　自我貶抑
祕訣083　收集正向思考的材料
祕訣084　讓正向思考無所不在
祕訣085　反覆演練正向思考

祕訣081

趕走「愛找麻煩的傢伙」

讓孩子練習發現，在自己的腦海裡，是否總是有些愛找麻煩的傢伙，不客氣地挑剔、批評、指責或議論自己，總是在對自己喋喋不休地數落著。引導孩子拿起筆來，將這些負向思考的壞蛋一一列出來，好好來思考這些批評當中的合理性。例如：

「一定是我的長相很奇怪，所以路上的人才會一直看著我。」

「一定是我做錯了什麼事，媽媽才會板著臉，不對我笑。」

「完蛋了，我剛才都沒有仔細聽，這回鐵定考得很慘。」

「他為什麼老是愛找我麻煩，我遲到關他什麼事。」

「爸爸一定是不喜歡我，才會故意沒帶生日禮物回來。」

「都是我接棒沒接好，才會造成我們大隊接力沒有晉級。」

祕訣082

自我貶抑

「反正我就是很差，我就是很笨，反正我就是技不如人。」有時，你會發現孩子常常出現自我貶抑的現象。這樣帶著負向元素的想法，往往也讓孩子在無形之中否定了自己，忽略了自己所具備的能力。有時，這道不如人的緊箍咒會因此而順著你的預言應驗。你愈暗示自己不如人，就愈容易讓自己往不如人的方向走去。

收集正向思考的材料

為什麼有些人總是可以用正向的態度看待眼前看似糟糕透頂的事物？如同製作麵包至少需要的麵粉、酵母、水等基本材料一般，同樣地，如果想要幫助孩子學習以正向思考的角度看待事物，腦袋裡也需要事先放入一些正向、積極的話語。

這些話能讓孩子理解到，同樣一件事情總是會有不同的解釋方式。無論是哪一種解釋，請記得，如果能夠為自己帶來正向的情緒力與積極的行動力，那麼這樣的想法與話語就會是你一生中的關鍵朋友、重要朋友。

和孩子一起練習找好話，並將這些好話記錄下來，寫在紙或筆記本上。以孩子能夠理解的方式，讓他知道這些話所要傳達的意思，以及如何為自己帶來正向的能量。

當孩子在腦海中隨著時間累積了許多具有正向、積極元素的話語，未來孩子在面對眼前的困頓或挑戰時，這些話或許就能立即派上用場，讓孩子做出更積極有效的反應。

祕訣 084

讓正向思考無所不在

如何讓正向思考能夠像書包一樣帶著走，讓這些話語在進入孩子的腦海後，能夠順利地被提取？你可以用孩子熟悉的方式，練習製作自我提醒的卡片，例如每張卡片上寫下一句正向的話，不斷演練自我對話，讓整個過程因熟悉而自動化。

試著讓孩子能夠理解、懂得這些話的意思，並幫助孩子具體地去實踐。請留意，太過於抽象的概念，雖然孩子們能夠記憶、背誦，但如果無法理解當中所要傳達的意思，那麼，要將想法轉化為行動就會有困難。

祕訣 085

反覆演練正向思考

提升孩子的正向思考，是需要與孩子不斷地反覆進行自我對話練習。讓孩子們對於周遭的人事物，能夠慢慢學習以正向的想法取代。提醒你，請多選擇在孩子情緒比較平穩的情況時進行正向思考的練習。

讓我們自己也回到正向思考上。面對容易二分、固執與僵化的孩子，在協助他們時，就如同修改程式一般，請相信孩子們的正向思考可以被強化，他們也有機會被翻轉，而以正向力量的話語來幫助自己。

念頭不轉，光讓負向思緒一直影響著自己，對於孩子的情緒管理來說，十分不利。但如果孩子真的想不出來，或許就直接讓孩子來個二選一，將正向及負向兩個選項直接地條列出來，顯示其中的落差，讓孩子比較兩個想法各自可能帶來的情緒及行為反應。

「嗨！矮個！」當同學總是脫口說出這句話時，或許多數人會負向的認為他們一定是非常討厭自己，才會總是愛取笑自己的身高。「矮個」聽起來就是一個讓人不舒服的形容詞。

當然你可以選擇這樣想。但是這樣想，可以預期的是，孩子的情緒反應應該會相當激烈——無論是生氣、憤怒、厭惡或難過。當然也可以預想孩子的反應：反擊罵回去、動手揮拳、拒絕到學校不願意和他見到面等。

這些情緒及反應是很自然的，特別是如果我們選擇這麼想時。「不是許多人都會這樣嗎？」或許吧。但是這樣想對於自己並沒有特別的助益，你也可以試著問孩子，他自己希望這樣過嗎？我想應該也不會。沒錯！你可能還是不死心地認為：「不是大家都會這樣想、這樣感覺、這樣反應嗎？」這倒也不盡然，如果我們願意試著反轉一下想法。

請記得，我們沒辦法限制或制止對方的反應。他要如何說、如何做，這部分是我們很難去控制的。但我們可以引導孩子練習對這個刺激做不同的解釋，當然這個解釋並不是要合理化，而是透過比較正向的想法，讓孩子學習去因應與面對在生活中可能存在的各種刺激。

轉個念、換個方式想這件事。「我想他可能覺得我其實還滿好相處，包容力也滿夠的，所以才會找我開玩笑。」「矮個？説真的，也沒錯。我的身高本來就不高，矮個其實也是我的特色，矮個矮得很俐落。」

轉個方式想，讓自己感到舒適一些，接著再以積極的方式回應給對方。「嗨！其實我發現你還滿注意我的耶，也愛跟我打招呼。當你説嗨！矮個，哈！我就能夠馬上知道你是在和我打招呼。」

或許你這麼説，對方會覺得不可思議，你怎麼會有如此跳tone的反應。沒錯，就是要讓自己有如此的翻轉反應，讓對方覺得不可思議，或許也因此能讓對方自知無趣，知難而退。

正向思考的翻轉練習，是最具有挑戰性，也最應該不斷反覆練習的。你可以試著拋出一個負向的想法，接著讓孩子開始練習以正向的方式進行翻轉。

對於孩子的回應，重點在於孩子可以以正向態度做出解釋，而這個解釋可以為自己帶來更積極的行動。

問題十四
千錯萬錯都是別人的錯？

「長毛象，你給我滾開，吵死了，別老是在一旁給我走來走去。你再不給我安靜下來，別怪我用弓箭把你射倒在地，這可是你自找的！」

「你幹嘛這麼火大？更何況，長毛象那麼大隻怎麼滾啊！你開玩笑！」

「是那隻長毛象惹我的！」

「別跟象過不去嘛！更何況真的是他惹你嗎？你不能老是認為都是人家不對嘛！」小石婉轉地告訴阿烈。

「怎麼會是我不對？明明就是那隻長毛象愛惹我，我已經警告過他好多遍了。是他搞不清楚狀況，就別怪我生氣會怎麼做。」小烈心中的一股悶氣持續延燒。

「可是長毛象又沒像你說的講話那麼大聲？是你太敏感啦！」小石還是對小烈老是愛歸

咎於別人的態度有些不以為然。

「什麼我太敏感！還不都是他在旁邊吵來吵去讓我看不下書，如果等會考試考不好，我一定要找他算帳！」小烈忿忿不平地說著。

其實不只小石這麼認為，連小烈媽都覺得這孩子總愛將問題歸咎給別人。「難怪在學校人緣這麼差！」「老將矛頭對準別人，愛說別人，這樣人家怎麼會喜歡呢？」小烈媽心裡煩惱著。

但愈是跟小烈說，孩子的火氣就愈大，一句話都聽不進去。「唉呦，怎麼辦呢？小烈如果都是這種態度，長大後該如何是好呢？」「他怎麼都不檢討自己呢？」「千錯萬錯都是別人的錯，這……」你是否想過孩子的想法到底怎麼了？

正向思考祕訣指南

祕訣086 抱怨遠離

祕訣087 讚美日記

抱怨遠離

請留意你身旁的人是否總是容易告狀、容易抱怨。告狀與抱怨，會讓孩子容易將目光與注意力聚焦在負向的事物上。當孩子身旁老是圍繞著這樣的負向訊息時，往往也會不知不覺讓自己陷入這樣的有害糖漿而不自知，甚至於沉浸在這樣的負向氛圍裡，使得自己看待事物的眼光蒙上一層沾滿灰塵的鏡片。

有時常會和身旁的朋友半開玩笑地提及，當自己發現朋友的臉書塗鴉牆不時傳了這裡不舒服、那裡不對勁、誰誰誰對不起他、又不滿誰誰誰的貼文時，望著這滿滿的抱怨文，都會感覺就像在看對方的病歷表一般。同時，也會去思考如此的刺激到底能夠帶給自己什麼樣的能量。

抱怨有必要，但需要適度，否則太多的抱怨很容易讓人心生怨懟，對於正向思考的培養不免有所妨礙。

所以遠離抱怨，就從我們當父母的先做起吧！

秘訣
087

讚美日記

孩子是需要被回饋的，特別是具體、正向的回饋。你最近一次讚美孩子是什麼時候？你最近一次讚美自己又是什麼時候？我們可能無法期待別人會對自己説好話，但關於自我肯定與説好話這件事，請不要對自己吝嗇。

試著給自己來一本讚美日記吧！讚美的內容愈具體愈好。甚至在自己臉書的塗鴉牆，也寫下一些肯定自己的話語吧。

「這次我終於給自己一次機會，主動走向第三組，問同學是否還有名額可以加入。結果真的是天從人願，他們非常熱情地答應我的加入耶！這回我真的成功喲。」

「這回我真的是發揮了如同地毯式一般的搜索，一題一題仔細地檢查與驗算。真的很佩服我自己的專注力與持續性，果然在十題應用題中，順利地答對九題喲。」

「我發現自己的耐力與意志力真的很強耶，雖然在跑步的爆發力上需要再加強，但這回在一千五百公尺的長跑測驗上，我終於發揮運動家的精神跑完全程。」

「同學們都説我很幽默、很愛搞笑，還滿多人喜歡下課跑來和我聊天、説話。仔細想想，我還真的在平時蒐集了許多好笑、好玩的笑話與故事。」

問題十五
孩子如何樂觀學習？

「阿育爸，一般的孩子不是都能熱情地專注在自己感興趣的事物上嗎？怎麼我們家阿育在這方面好像不是特別明顯。更重要的是，我發現他對於其他學習性的事物常選擇逃避或放棄。唉！怎麼會這樣呢？」阿育媽有些無奈地說著。

「他總是對著我說，反正我就是不會，數學不會、國語不會、英文不是美國人也是不會。這……到底是怎麼了？」

「不止這樣，每次只要稍微要求他做一些事，甚至於和功課沒什麼直接關聯的積木城堡，要他練習動手堆堆積木，他也老是愛跟我抱怨說什麼『手會抖啊！放不穩啦！會倒，我不要做』這些洩氣的話。難道他要像個泡水的木炭，燒不起來，什麼都不做嗎？」阿育媽對於孩子消極的學習態度有些怨言。

「是不是他永遠都會這樣，一遇到困難，就什麼都不願意動手嘗試？唉，為什麼別人家的孩子對於學習那麼容易啟動？我還聽過，有些媽媽很滿意地說她的孩子十分樂觀學習呢，但我們家阿育怎麼就這副德性啊？」

「老婆，你就不要老是愛比較嘛，比來比去，只會讓自己更洩氣。」

「那不然呢？難道眼睜睜地看著阿育的學習動力就這樣消沉下去？看看人家的父母與孩子如何樂觀地面對學習，不也是一種機會嗎？如果讓阿育這樣繼續下去，不要說未來他的學習適應，我看我們全家都沒望了。」阿育媽有些不服氣地回應著阿育爸。

只是樂觀學習到底是指什麼？這對於阿育媽來說，真的還挺抽象的。「難道就只要簡單地告訴自己，我要樂觀一點，就會主動對事物產生學習的興趣嗎？」這一點，阿育媽明顯地感到困惑。

但是，阿育媽隱約知道，樂觀似乎是關係到自己如何看待身旁事物的方式。這就像隔壁的丹丹中班時，被醫院兒童心智科的醫生診斷為自閉症後，丹丹爸曾經樂觀地安慰當時淚流滿面、心灰意冷的丹丹媽說：「嗯！老婆，我們終於找到那一把鑰匙了。原來丹丹的固執、眼神不喜歡與人家接觸，特別是對對方的碰觸很敏感，都不是故意的。至少知道丹丹有自閉症的困擾，那麼我們就比較清楚，接下來該如何來和他相處以及教育他了。」

延續先前所提及的正向思考力，樂觀學習同樣地牽涉到我們與孩子如何去解讀身旁的事物。想想，孩子的想法是否不知不覺地總是傾向於某個特定的、負向的、悲觀的方向，而使得自己對於學習產生逃避或放棄？

正向思考祕訣指南

祕訣088

增強掌控感，學習更開心

當孩子面對眼前的事物，如果逐漸找到自己在當中可以控制的程度，這時，孩子的樂觀學習力點數也將逐漸攀升。

例如：「媽媽，我終於發現這霍爾城堡積木要怎麼堆、怎麼擺才會比較穩了。只要能夠判斷每個不同造型積木的角度，擺放的力道，還有相關的位置，我就有辦法喲。」

你會發現，這股可控制力會讓孩子燃起學習的火花與動力，讓孩子對於眼前的事物更加願意去嘗試。

反過來，如果是這樣的回話：「媽媽，我沒辦法啦！要堆成這麼高的霍爾城堡，我不行啦！我的手會抖、會不穩！一定會倒的啦！我不要做、我不要做，你來幫我放啦！」這時樂觀與悲觀的看待就有如此的反差效果，前者讓孩子繼續催化探索與嘗試的動力，後者則讓孩子選擇逃避與放棄。

秘訣089

困難都是暫時的

有時，你會發現，孩子很容易放大自己所遭遇的問題。這樣解釋事情的習慣，往往也為自己帶來莫名的壓力與焦慮，也因此常不願意面對眼前需要學習的事物。

悲觀的學習，例如：「媽媽，我的英文單字就是永遠都背不起來啦！英文單字太多太複雜了啦！不管我怎麼背都一樣，我永遠、永遠都學不會啦！」有時孩子對於眼前的事情或所遭遇的困難，容易把它設定為永久的困難。

但是，我們可以努力試著引導孩子，讓他們學習以暫時性的看法來因應與面對。例如：「媽媽，我覺得這個單元的英文單字是有些難背。雖然現在背這個單元有些辛苦，需要花點時間，但說真的，一個小時很快就過去了。如果這一關通過了、記起來了，我的英文功力又會提升喲。」在這裡，你會發現以樂觀的角度，把眼前的困境詮釋為暫時性的，可以讓孩子適度降低壓力與焦慮，轉而願意嘗試。

祕訣090 其實我沒有那麼差

「媽媽，這些數學題目都好難，我不會啦！太難了、太難了。」有時，你會發現孩子面對眼前的練習，常常雙手用力一撥，把眼前的一切全打翻，一味地告訴自己、暗示自己「全部都好難」。這時，你會發現孩子面對眼前的挑戰，根本一動也不動。

有可能孩子的數學能力其實並沒有那麼差，也有可能眼前的數學評量是有些題目難度稍高，需要更多的邏輯思考與推理運算等能力。但是，當孩子習慣性地以全然二分的思維，一口咬定眼前的難度難以克服，那還真的很容易全盤皆輸。

「媽媽，我發現這張數學評量有幾題比較難，挑戰度比較高。我想先把會的寫完，這樣我就有比較多的時間，再來仔細研究研究這些比較難的題目。」

沒錯，樂觀學習力的養成，就在於我們如何提升自己與孩子的正向思考習慣。你會發現有些孩子容易陷入不是全盤皆贏就是全盤皆輸的二分想法，有時，甚至於會將這負面的思考套用到其他的學習事物上。例如：「哎呀！不只數學評量好難，連這次的國語、英文與社會評量都好困難。」也常因為如此的想法，很容易讓孩子在面對學習事物時，陷入悲觀的逃避與自我放棄。因此，平時的自我對話練習相當重要。試著引導孩子在面對學習事物時，能夠發揮就事論事的態度。

秘訣091

預防陷入「自我歸咎」

有時，你會發現孩子在面對學習上的挑戰與困境時，容易歸咎為自己的問題。例如面對眼前遲遲無法動筆的試卷，你的孩子是否容易出現「我數學頭腦本來就很差，你又不是不知道我的邏輯推理、運算，還有空間概念都不好，這我怎麼學得會？」這樣的結論？

當孩子的思緒以如此的模式運轉時，你大概已經可以預期，孩子在面對這張試卷時的作答態度與行動，將如同被點穴般，毫無反應。

樂觀學習力讓我們試著引導孩子，以不同的解釋來看待眼前的學習刺激。例如：「媽媽，這次數學考卷老師出的題目，難度真的有比較高，挑戰性也比較大，或許數學解題的樂趣也在這裡，我要來試試看。」轉個方向想，以樂觀取代悲觀。讓孩子的學習動力因為不同的解釋方式而燃起，生出面對與持續的動力。

祕訣092

想像不同角色的心情

你可以和孩子練習這樣的題目：當一件事情發生了，不同的人會怎麼想？例如一百公尺決賽，原本領先的第二跑道小馳，在抵達終點線前，突然不小心摔倒，隨後被第三跑道的阿烈超越，取得領先。

這時，你可以試著問孩子，如果自己是摔倒的小馳，會有什麼樣的想法、什麼樣的感覺？如果，把自己換成是超越的阿烈，又會怎麼想？如果是小馳的啦啦隊呢？如果是一旁當觀眾的你呢？

讓孩子了解一件事情的發生，不同角色、不同立場，對於不同的人的想法與解讀可能不盡相同。而這些想法如何向左向右、向明向暗發展，都會帶來不同的情緒感受。

情緒管理
第5招

提升挫折忍受力

非學不可之挫折忍受力

壓力無所不在，但壓力有時也有它存在的必要。適度的壓力能夠讓自己表現出較佳的狀況，但當壓力超出孩子所能夠承受的負擔時，不同的負向情緒便可能一一被喚起。

只是，所謂的適度該如何拿捏，當事人如何感受，有時是一種很主觀的經驗。

有時，某件事情讓孩子感受到壓力，並進而焦慮、緊張或畏懼。這時，對於孩子來說，面對該件事情或刺激，自己所能控制的程度，往往也決定了他如何看待眼前這個壓力。當孩子自覺能夠控制的範圍大一些，對於壓力的感受便會小一點。反過來，當無法控制的部分占據太多，孩子感受的壓力就大一些。這也是為什麼有能力的感覺，往往能讓孩子在面對壓力時，更能夠從容不迫地面對。

孩子的挫折忍受力，是否如同奶油蛋糕一般不堪擠壓？挫折到底是什麼模樣？或許我們可以這樣看待：望見眼前的這座壓力大山，或日常生活上的小丘，孩子是否能夠有效因應，並接受挑戰。或許也可以把挫折忍受力視為孩子陷入困境時，能夠充分發揮智能解決問題，有效突破重圍、脫困，並適時回復的能力。

有時，孩子面對眼前的上坡路，往往會自我暗示「我不行」「上不去」「累死人」，進而讓自己選擇逃避或放棄。面對上坡的壓力，讓孩子感到胸口鬱悶、心跳急促、喘不過氣來，一陣挫折感油然而生。

孩子都不喜歡挫折，但挫折常常不請自來。同樣一件事，例如面對上坡路段；同樣一個結果，例如爬上山或中途折返。有時，我們可以想想，為什麼兩個孩子的感受可能完全不一樣？面對挫折，孩子需要一些時間，甚至於需要很長的一段時間來調適。

提升挫折忍受力，讓孩子在面對未來各種可能的挑戰時，能用從容的態度及問題解決力來因應。如同攀登高山一樣，一步一腳印，慢慢往自己所設定的目標前進。

問題十六
當孩子容易放棄

音樂比賽結果公布了，小茵與小惟兩個人都沒有獲得晉級。

雖然兩個人的琴藝早已被身旁的老師與同學認同，苦練許久，就等待這一天的到來，但結果卻不如自己的想像，小茵與小惟兩個小女孩在現場都哭了，難過及挫敗很快地向她們兩個人襲來。

小茵哭喪著臉，激動地向爸媽訴苦再也不要練琴了，並不時雙手緊握拳頭，捶打著爸爸微凸的小腹，一時無法自已。「怎麼會這樣？怎麼會這樣？哎呀，練琴都練得這麼勤了，只差那一點點分數，怎麼就……」小茵媽百般不解地自言自語著。

對於小茵這麼激動的反應，其實小茵爸還滿擔心的，去年也是因為無法晉級，讓小茵整整停止練琴快半年。在那段時間，夫妻倆不斷苦口婆心地屢屢相勸，費了大把勁，最後還是透過學校音樂老師數次家訪，才說服了小茵繼續練琴。但這次未如預期的結果，令小茵爸開始煩惱：「這孩子不會又要放棄半年吧？」

小惟當然也感到難過，畢竟這段時間的衝刺苦練，為的就是在等待這一次的晉級。但是事與願違，挫敗感也讓自己流下了眼淚。雖然心中曾浮起一股算了算了不要再練了的念頭，但這想法在爸媽貼心的安慰下，很快地消逝了。

小惟在心情稍微冷靜後，重新思考回想起自己接觸音樂的初衷。「嗯，其實讓自己的手指在琴鍵上自由自在地游移彈奏，當美妙的樂聲流瀉出來時，才是自己最感到快樂的一刻。」

「我愛彈琴！」這一點小惟自己是很肯定的。當然她也知道，自己需要一些時間來調適這樣的挫敗心情。「沒有人喜歡挫敗的感覺，但面對失敗感到挫折也是很自然的一件事。」小惟對自己說著。同時，她心裡也很篤定：「我會很快再回到鋼琴前面，再次彈奏那首貝多芬〈第五號命運交響曲〉。」

孩子容易放棄，在於孩子第一時間無法讓自己看到完成的那一道曙光。

挫折忍受力祕訣指南

祕訣093 設定挫折保存期限

努力卻沒有晉級，孩子感到挫敗是很自然的。只是這樣的心情到底會在孩子的內心裡盤旋多久，多少也影響到孩子這段時間的情緒及下一步的行動。例如小茵與小惟是否能夠在短時間內再回到鋼琴前，並再度彈奏動人的〈命運交響曲〉樂章，就視她們能在何時走出比賽失利的陰霾。

保存期限的概念，主要是要讓孩子知道，挫折感很自然，但是可以給自己的挫折感押個期限。這個到期日，主要是提醒自己適時地從這股挫折的氛圍中走出來。有時讓自己長期沉浸在挫折的水缸裡，放久了，泡久了，真的就很容易像是泡水後的木炭一樣，燃不起來了。

要不厭其煩地提醒孩子，挫折感是很自然的，特別是強調這些感受不會只發生在自己身上。身旁同樣有許多人在不同的時間、不同的情境下，遭遇不同的挫折。只是我們可以決定是否被挫折打倒而裹足不前，或消極逃避放棄。

祕訣094

不同解釋與看待

想想為什麼這兩個小女孩面對同樣的結果，卻有不同的反應。你可能會疑惑，為什麼有些孩子的挫折忍受力就是比較好呢？這裡有一個非常關鍵的元素，就是孩子「如何解釋及看待」他們眼前的事物。無論是具有挑戰的事，或是結局已經是失敗的事。

比賽有贏就有輸，這是非常普遍的道理；沒有人喜歡輸，也是可以理解的人之常情。但是如果真的輸了呢？特別是在努力過後，結果卻不如預期，該怎麼辦呢？

前面提到挫折忍受力關係到孩子的表現是否可以順利地從壓力中回復到自己該有的水準。怎麼看，怎麼想，都是關鍵。你知道自己的孩子如何看待挫折嗎？

預防二分法

有時孩子在想法上的二分傾向，容易形成不是贏就是輸的認定。在這種極端的思考中，總是讓孩子很容易陷入負向情緒的窠臼裡，難以跳脫出來。試著引導孩子多看看過程，會發現在輸與贏之間有許多的排列組合存在。

有些孩子望見輸了之後的結果，例如獎勵沒有了，責罵出現了；但有的孩子則傾向於看到下一次可能成功的機會，如何在這次輸的過程中，發現對自己下一步有利的地方，這也是失敗的價值。

眼前的一次次小失敗，造就了日後那一次的大成功。但無論是失敗或是成功，都是孩子所經驗的、實實在在的過程。因此，無論他的感受是正向或負向，都是自然與真實的。請試著體會他的這份心情。

祕訣
096

套用各種情境

每個孩子對於挫折的感受不盡相同，或許你可以和孩子一起思索各種可能的情境。例如努力練了一年的琴，卻因遭遇強勁對手而從名單中被刷落；自認非常認真的準備考試，但結果卻差強人意，沒有真正表現出自己的實力；甚至於就連堆積木時老是疊不起來，都不免要生氣、惱怒進而放棄。

有時，挫折感來自於孩子自覺付出許多，但結果卻大相逕庭，無法接受為什麼會是這樣的結局；有時，挫折感則來自於對眼前事物難度的高估或放大，讓自己感到眼前的高牆是無法超越的；有時，持續蔓延的挫折感，到最後會衍生出更令人苦惱的學得無助感。

讓孩子思考自己的挫折感如何形成，是一種自我了解的成長過程。每一次的覺察與省思，對於孩子面對壓力與如何解釋自己的表現上，都會有著深刻的影響。你是否也讓孩子有機會面對自己的挫折呢？

祕訣
097

思考行動雙箭頭

提升挫折忍受力主要在於兩個雙箭頭：想法與行動。如同足球場上的前鋒將決定孩子是否進行向前衝的動作，來個臨門一腳，將球踢進。當正向思考力與問題解決的行動力都具備了，孩子對於挫折的忍受度與抗壓性也會跟著提升。

例如在比賽結果出爐後，未能入選，是讓小惟心情低落了幾天；但轉個念頭想想：「其實，我應該覺得非常榮幸，有機會和來自各地的鋼琴演奏好手同台分享。這回，我從入選演奏者的表現中看出，原來真正讓聽眾產生共鳴的，是讓自己投入所演奏的樂曲裡。但是我一直都把注意力擺在要記得彈對音符，其實並沒有真正的融入。」

轉個念頭，讓小惟似乎有了重大的發現，了解到原來自己在演奏的技巧上，還有這麼大的突破空間，想著想著自己就笑了。當然，也迫不及待地想要趕快再進行樂曲的演奏練習。

祕訣098 輸到底會怎樣？

「輸到底會怎樣？」「對於失敗，我們到底在意的是什麼？」關於這一點，我們與孩子是否曾經思考過？例如有多少挫折是來自於我們對於別人眼光的畏懼？

「輸到底會怎樣？」「輸了，讓我覺得我的努力不夠，我的實力不夠，我的運氣不好。」「輸了，讓我覺得未來沒有方向，自己的腳好像踩空了，整個人的生活失去了重心。」

聽聽孩子對於輸的想法，你將有機會發現孩子如何解釋周遭生活經驗與事物。請記得接納孩子任何可能的聲音，無論合理或不合理，正向或負向。不要先入為主地反駁孩子的想法，例如：「拜託，你怎麼會努力不夠呢？我想，你真的是想太多了，你的實力可是有目共睹的。」

或許，你在話中有部分也肯定著孩子，但這當中缺乏了對於孩子面對輸的想法與感受的同理。一句「你真的想太多了」，很容易就阻隔了彼此之間的溝通契機，讓孩子很難感受到我們對他的了解。因此，要繼續談下去就會比較困難。

每個孩子都想贏，或許你的孩子也常常贏。但一直處在贏的情況下，如果有一回竟然把勝利拱手讓人呢？孩子是否可以承受得了這樣的結局？

挫折忍受力似乎和失敗或輸有著很緊密的連結。說真的，一路都順遂的孩子，在挫折忍受力這件事情上，很難有累積與加乘的功力。提升挫折忍受力似乎也暗示了要有「必要的輸」的心理準備，因為失敗能淬鍊出孩子的挫折忍受力。

當我們期待孩子能夠贏，可以獲勝，這是人之常情，很自然。但如果孩子真的輸了呢？請記得關注孩子努力的過程，而非強調結果。讓孩子看見過程，仔細研究與討論每個細節在未來可以再調整的地方，這樣對於未來面對壓力和挑戰是比較有助益的。如果只是強調二分的結果，不是贏，就是輸，當然孩子也就容易陷入失敗的情緒困境，而跳脫不出來。

問題十七
孩子抗壓性差怎麼辦？

「阿揚，這一題不會回答就算了。幹嘛一直哭，沒有那麼嚴重啦。不要再哭了好不好，你這樣一直哭，會讓老師沒辦法上課，先停下來好不好？」藍老師有些無奈地勸著，但阿揚仍然沒有停下來的跡象，不斷地啜泣著。

「阿揚這孩子的抗壓性怎麼這麼差？不就請他回答一下課本裡的問題，說不出就算了，我也沒有大聲責罵或處罰他，老是掉眼淚，男生耶，長大了還得了。」藍老師不解地想著。

說真的，不只在課堂上，連上體育課進行籃板底下投籃練習也是一樣。手中抱著球也不向前投擲出去，一直杵在原地不動，讓排在後頭等待練習的阿超不耐煩地抱怨：「阿揚，你快一點投好不好？幹嘛像個木頭人在那邊不動啊？」

「誰叫你剛剛要笑他，說什麼阿揚你是不是沒吃飯？那麼沒力，籃框是在頭上，不是在地板上。害他還有四球要丟，現在都像木頭人不動了。」排在第一個投完的阿森數落阿超。

「拜託，這關我什麼事，哪那麼經不起考驗，才說一句話就這樣。」阿超反駁著，「真的是禁不起挫折，下次誰要和他排在同一組，真倒楣。」

阿揚動不動就放棄的態度，其實也一直困擾著父母。「阿揚爸，說真的，我們的教養到底是哪裡出了問題？怎麼阿揚這孩子面對問題總是那麼畏縮、放棄，老是說我不會、我不會。這還不只在功課上，連穿衣服扣個鈕釦、拉個拉鍊都要叫半天。有那麼難嗎？是不是我們幫他做太多了啊！」阿揚媽看著藍老師在聯絡簿上寫著關於他在教室裡回答不出問題而掉眼淚的事情，問著阿揚爸。

「不是有很多人都說要讓孩子快樂的學習嗎？不是說不要勉強孩子做一些他不喜歡的事嗎？怎麼現在看起來好像我們做錯了事？哎呀，這阿揚的抗壓性真的不是那麼好，但我想，是不是長大後就自然而然會改善？」說到這，阿揚爸的說話音量突然顯得有氣無力，一副沒把握的模樣。這一點，阿揚媽也感受得出來。

提升挫折忍受力，首先就是得面對讓你自己感到挫折的刺激源。逃避雖然讓自己暫時鬆了一口氣，但事情終究還是橫在眼前，沒有處理，莫名的壓力還是存放在那裡，原封不動地壓抑著。想到、觸及到時，挫折感仍然會出現。

挫折忍受力祕訣指南

祕訣099　辨識壓力源
祕訣100　畫出壓力甜甜圈
祕訣101　挫折像什麼？
祕訣102　挫折伴隨的情緒
祕訣103　挫折反應大不同
祕訣104　過程也很重要
祕訣105　禁止口頭的自我貶抑
祕訣106　挫折，只是一塊小蛋糕

祕訣099

辨識壓力源

有誰不想迴避壓力？選擇不要面對，看起來似乎沒事，但其實壓力還是在心中隱隱作祟。解決壓力，提升抗壓性，引導孩子仔細確認自己的壓力源，是很基本與關鍵的一件事。

每個孩子所面對的壓力源不盡相同，也不是每個孩子都可以清楚說出自己的壓力是什麼，所以要試著引導孩子思考或說出自己可能存在的壓力源。透過對於壓力源的確認，孩子才比較能夠針對當下的情緒，找出影響自己的壓力源。當壓力源被進一步澄清了，孩子更容易找到紓解情緒及解決問題的策略。

祕訣 100

畫出壓力甜甜圈

你可以試著先在白紙上畫上幾個圓圈圈，五個也好，十個也罷。接著讓孩子在圈圈裡，填上自己所認為的壓力來源。

例如，對於眼前的國小一年級孩子來說，可能出現的壓力源包括了爸爸太兇、功課太多、安親班上太久、下課後同學不願意和自己玩、上課擔心被老師叫起來問問題等。而對於青少年來說，他可能分別寫下段考、基測成績公布、向女同學表白、和女朋友單獨在一起、校內社團公演、自然課分組、父母爭執、睡眠時間太短、過敏體質、被同學排擠誤解等。

試著讓孩子將自己的壓力圓圈圈中所列出的內容，依感受的壓力強度排序。這時孩子可以比較清楚知道造成自己壓力感受的優先順序。

祕訣101

挫折像什麼？

回到我們先前所提及的情緒想像，試著讓孩子以他熟悉的字眼及語言表達，說出他心中所經驗的挫折感像什麼。例如：

「挫折就像一頭垂頭喪氣的獅子，步履蹣跚地離開自己熟悉的森林。」

「挫折就像在自行車大賽中，輪胎突然被尖銳的石頭刺破，被迫放棄比賽。」

「挫折就像洩了氣的皮球般皺成一團，讓人感到沒勁。」

「挫折就像一朵枯萎的花朵，垂頭喪氣，失去了它原先的光澤。」

「挫折就像一隻翅膀受傷的鳥，再也飛不起來，失去了牠原先的活力與朝氣。」

「挫折就像大家都考上心目中的學校，結果只有自己一個人未獲錄取。」

祕訣102

挫折伴隨的情緒

讓孩子熟悉挫折所帶來的許多不同負向情緒反應，當然也請讓孩子知道，這些讓自己感到不舒服的反應是很自然的一件事，換成是大人或其他小朋友，也會有同樣或類似的感受。

當孩子感到挫折，有時也伴隨了其他的情緒反應，例如沮喪、生氣、難過、懊惱、低落等。

秘訣103 挫折反應大不同

除了引導孩子覺察哪些想法容易讓自己感到挫折之外，同樣地，也讓他注意一下挫折往往容易伴隨哪些行為出現，例如放棄或逃避。挫折帶給每個人的心情感受都不太一樣，有人在挫折的當下，心情是突然平靜沒有感覺的；有人在挫折之後會難過地痛哭流涕；有人在挫折的當下會激動地大聲咆哮；有人在挫折之後垂頭喪氣，不發一語。當然，如果有的孩子挫折回復力比較快，他可能選擇繼續面對與挑戰，並積極地揮發自己的情緒。

秘訣104 過程也很重要

拼圖的過程就如同一次次嘗試錯誤的經驗，但也讓孩子在嘗試過程中去體會拼拼圖的樂趣。無論是每片拼圖上的圖案顏色、形狀，角度的辨識與拼湊，過程中拼拼圖的有趣心情會不時累積著。

舉例來說，若孩子剛完成十二片的拼圖，之後他可能意興闌珊，不太願意再練習。這時半強迫孩子從中二選一，例如一組為四十片拼圖，另一組為二十片拼圖，孩子面對自己眼前的選項，兩害相權取其輕，很可能從中選擇二十片。而這也是我們原先預期的，在孩子一開始不願意再碰觸拼圖時，讓他從十二片轉至二十片。

有時孩子具備該項能力，但可能因為挫折忍受力差，接著就容易放棄自己嘗試的動機與動力。

引導孩子關注參與每件事情的過程，每一道過程都值得孩子細細去品味。

當我們大人太著重於結果，當然孩子也就容易將目光擺在最後抵達終點的那條線。

祕訣105 禁止口頭的自我貶抑

面對挫折，請先讓孩子看見他「有」的部分。或許你會發現孩子不斷地重複說著「我不會、我不會」「我不行、我不行」，但是否真的不會，是否真的不行，這裡先保留。不過，要注意的是，當孩子總是自我預言說自己不行、自己不能、自己不會時，往往預言就會成真。

若是年紀小一點的孩子，有時你會發現他總是愛在口頭上抱怨，通常我的方式是請孩子試著閉上嘴巴，讓自己先安靜片刻，同時繼續進行眼前的事物，特別注意，要在他能力所及的範圍內。透過安靜，減少孩子口語上的自我貶抑，以預防挫折忍受力持續維持低檔。同時透過繼續做，讓孩子有成功的機會。

祕訣106

挫折，只是一塊小蛋糕

面對挫折，要給孩子一些成功的經驗。而要達到這項經驗，可試著將眼前的刺激簡化，就像長崎蜂蜜蛋糕一樣，一小片、一小片切開。這樣一來，孩子面對挑戰的胃口，會比較有食慾些。

先讓孩子有吃完（完成）的經驗，讓他有機會去細細品嘗咀嚼後的美味，及衡量自己的食量，孩子面對眼前的挑戰才不會畏懼。

「我做得到！」讓孩子看見有能感，對於提升挫折忍受力是非常重要的一件事。「我可以！」「我願意！」「我想嘗試看看！」當孩子燃起嘗試的動力，做了、經驗了，就有機會看見自己的完成。

如同撐竿跳一樣，總是要讓孩子有跳過的機會。因此，將高度先調低沒關係，三十公分也可以、五十公分也行，重點是要讓孩子有機會跨過去。三十公分有了、五十公分有了，接著再逐漸將高度提升到七十公分、八十公分、一百公分、一百二十公分。孩子會漸漸抵達他能力的最佳水準、最極致的表現。

問題十八
孩子得失心很重怎麼辦？

患得患失，其實已經不是寧寧的專利。說真的，這些日子以來，媽媽已經感到自己也沾染了這股令人窒息的氛圍。

「哎呀！不就只是一次小考而已嘛，這個寧寧也真是的，在乎成那樣。晚上不睡，老是在床邊走來走去，不時踱步，嘴巴念念有詞的。我們做父母的，也沒把她逼得那麼緊吧？」寧寧媽為自己做了澄清，因為她真的覺得自己沒有那麼在意寧寧的課業。更何況，寧寧在班上的成績還總是排在前五名。

「你沒看我最近也變得睡不好，活像我也在參加考試一樣。難道分數真的那麼重要嗎？」說到這裡，寧寧媽停頓了一下，沒多久又自言自語：「哎呀，對現在的國中生來說還真是重要呢。更何況，末代基測也結束了。只是，不就是一次小考嘛！」寧寧媽還是摸不著頭緒。

「現在不是已經十二年國教的時代了，還拚成這樣？」寧寧爸推了推眼鏡，問了眼前一臉困惑的寧寧媽。「嗯，你問我，我問誰？更何況，寧寧也不是只在考試上如此患得患失。你看她，前一陣子辦生日聚會時，還不是緊張到夜夜失眠，連我都睡不好覺。老是擔心這個同學不來，那個同學有事。這裡沒照顧好，那裡服務不周到。結果勒？還不是辦得熱熱鬧鬧，賓主盡歡。」

「老是用這樣子的態度看事情，那還得了。她沒累死，我大概也只剩半條命了。哪像你這個做爸爸的，老是置身事外，落得輕鬆自在，真是苦了我們這對母女。」寧寧媽無奈地抱怨了一下，只見寧寧爸尷尬地笑而不語。

寧寧媽知道，孩子的得失心重，其實情緒也牽動著身旁的其他人。特別是在班上分組這件事，往往也苦惱著同組的同學們。「寧寧，你也自在一點嘛！不就是一份報告，你負責的資料收集好，就趕快給我們啦，不要再那麼嚴格地要求，我們的進度已經開始落後了。」

同學們對於寧寧的得失心其實有些莫可奈何。說真的，他們知道寧寧是非常認真的組員，但也就因為對於細節以及結果太在意了，反而把每回的討論都搞得氣氛凝重，讓人簡直快要窒息。原本可以輕鬆自在地準備分組報告，卻弄得其他人也感到莫名其妙的焦慮。當然，同學們對於寧寧也開始有些微詞。

「當孩子的得失心太重時，到底該怎麼辦？」寧寧媽很希望能夠找到解答，解決自己的困惑。

挫折忍受力祕訣指南

祕訣107　父母的得失心
祕訣108　就事論事的重要
祕訣109　預防低標人生
祕訣110　聚焦下一站
祕訣111　勿強迫孩子實現父母的期待
祕訣112　請看我的優勢力
祕訣113　支持與陪伴
祕訣114　挫折拳擊擂台
祕訣115　必要的崎嶇之路

祕訣116　最佳男女配角
祕訣117　鎂光燈外的角色
祕訣118　預先儲值「應變點數」

祕訣107

父母的得失心

關於得失心，可以試著先檢視孩子對於得與失的後果，在意的可能會是什麼？同樣地，父母也必須先思考我們平時是否太過於強調孩子不能輸，或者在孩子輸了之後，我們可能呈現出失落或落寞的反應。當孩子太過於注重得失，往往也就容易忽略了所參與的過程，輕忽了自己的努力。

另一件事，請留意我們是否常不知不覺地就容易做出比較的反應。「你看人家樓上的哥哥，這次段考數學全校排名PR95耶！」「你看小阿姨的女兒，這回鋼琴獨奏獲得冠軍喲。」

孩子不是不能夠比較，甚至於在孩子的成長與學習過程中，比較往往不請自來。但是當父母本身常常不自覺地論及別人與孩子之間的能力差異時，就很容易讓孩子的專注力開始窄化、聚焦在這些比較之中，而患得患失，結果當然也就容易忽略自身努力的過程。

就事論事的重要

孩子需要的是引導而不是謾罵，有時我們應多思考對於孩子的表現採取責罵的方式，到底是在期待孩子改變什麼？許多問題並非用罵的就能夠解決，過多的責罵，反而讓孩子更看不到自己的優勢與價值。父母應該引導孩子看見自己面對問題時的態度與過程，避免將問題套在孩子的特質與能力上。

「你怎麼那麼笨？」

「你怎麼那麼差勁？」

「拜託都幾年級了，連這一點都不會？」

「天啊！你聰明一點好不好，怎麼連這個都不懂？」

以上這些話，我不相信孩子聽了會有正向的改變，特別是對於能力的提升與自我嘗試的動機。但是我相信，這些話你說多了、孩子聽久了，就容易貶低自己的能力，有時，很容易看不見自己的存在。你真的不能太期待，孩子在面對責罵時會奮力表現。

預防低標人生

「反正我就是做不到，既然如此，乾脆把目標設低一點，或許還比較容易達成。」有時，你會發現孩子面對挫折或挑戰，有些是設定了太高的目標，才會達不到；有些則是乾脆降低標準，到低於自己能力水平很大的程度。

祕訣 110

聚焦下一站

對於球員來說，無論是輸是贏，與其老是將心思擺放在已經結束的賽局，倒不如調整眼光，聚焦到下一場球賽的賽前練習。不要太過於留戀或懊惱前一場的球賽表現，雖然可以檢視在這一場球賽中自己的表現，也可以從中找出自己進一步調整的內容。但是請記得，別讓孩子把太多的思緒掛在這裡。

以孩子能夠理解的方式，讓他明白，例如眼前這一班火車沒搭上，與其繼續懊惱為什麼會如此，而讓自己處於低落的心情，倒不如開始思考如何順利搭上下一班列車。提升挫折忍受力，先從問題解決力著手，當孩子的問題解決功力增強了，挫折忍受力同樣也會提升。

祕訣 111

勿強迫孩子實現父母的期待

為什麼孩子一定要符合父母的期待？為什麼父母自己不完成自己的期待或夢想？自己做不到的，為什麼就要留給孩子來完成？有時孩子的挫折來自於父母的高標準期待，但是當孩子對於父母所設定的目標缺乏興趣、志不在此，或無法順利達到父母的標準時，多餘的挫折感就容易開始蓄積。

為什麼在這裡我使用「多餘」這兩個字？畢竟孩子不是父母的替代品，也非由我們來安排他的未來。如果願意，應該引導孩子順利地找到真正符合自己的目標與期待。

祕訣112

請看我的優勢力

要讓孩子有勇氣面對眼前的挑戰，首先你要讓他看到自己的「有能力」。這樣看待自己的習慣，至少能讓孩子在第一時間遇到壓力時，仍然能夠沉得住氣。畢竟自己還是具備功力可以面對挑戰。

如何讓孩子熟悉自己的優勢力，平時條列出這些特質讓孩子能看見，就顯得非常重要。例如孩子的優勢力包括面對問題臨危不亂、能夠順利地轉換情緒、有後援團可以尋求協助與詢問、能夠從每件事情中找到對自己有利的部分、勇於嘗試新的挑戰、會不斷修正自己做事的方法、可以非常有效率地搜尋到所需要的資料等。

但在挫折的情緒下，如何讓孩子看見自己的優勢力，這對於情緒的回復非常非常重要。每個孩子都有自己獨一無二的優勢力，而這能力是需要被我們點出來，好讓孩子看見的。

秘訣113 支持與陪伴

當孩子遇見挫折時，先陪伴，不要太多話，特別是那些要他別太在意的話語。面對挫折或失敗，孩子當然會在意，至少在第一時間上，這是非常自然而然的感覺。

孩子在當下需要的是有人陪伴在側。他需要的是支持，一種陪伴的情感支持。有時，他需要的是你身體的靠近，或許只是提供肩膀讓他倚靠，或是想要你輕輕拍拍他的肩，或是你的緊緊擁抱與安慰。

挫折有時讓孩子的理智與思緒整個被負向情緒所淹沒，往往容易讓自己陷入當下的事件，而無法自拔。挫折忍受力強的孩子能夠很快地跨過眼前的困境，調整情緒後，再重新整理自己的思緒，面對下一段的挑戰。但你的支持與陪伴一樣不能少。

秘訣114 挫折拳擊擂台

面對挫折忍受力，孩子需要的是再次站上拳擊的擂台，面對眼前選手的挑戰。無論是左勾拳或右勾拳，他仍然得站上去。

當然，站上擂台去，不表示孩子就能任意選擇比賽的對手。

當孩子是蠅量級，就先別讓他面對羽量級；當孩子是輕量級，或許也還不需直接面對中量級或重量級選手。畢竟目標的設定需要符合自己的狀態與能力。

為了讓孩子可以學習面對，你可以試著以二選一的方式讓孩子從中做選擇。

你可以試著將這兩個選項的條件難度拉大。就像羽量級的孩子，你可以試著讓他從輕量級與重量級中去做選擇。這時，孩子會在二選一中選擇相對較輕的輕量級。而這也是我們想要給孩子進行的挑戰，從羽量級上升一級至輕量級。

讓我們試著引導孩子以不同的角度來詮釋事情，這態度就如同前面所提及的正向思考。挫折忍受力強，指的並不是孩子總是忍住壓抑情緒，反而是調整看待事情的方式，重新面對眼前的挑戰。

當然請記得，孩子的挑戰，需要與他自己的能力相符合。太高的標準或目標，雖然乍看之下，孩子充滿熱情或衝勁，但如果自我要求與自己的能力落差太大，反而容易造成反效果。若要提升挫折忍受力，讓孩子感受成功的經驗，是非常重要的。縱使只是些微的成功，對於孩子來說都是一種大大的鼓勵。

秘訣115

必要的崎嶇之路

成長的過程中，總是有些崎嶇的道路，路途上總有一些小石頭。孩子行走在其中，難免腳底板踩著疼了、痛了，但這也是成長的必經代價。我們是否一定要幫孩子把眼前的石子一個一個清掉？這對於行走在上頭的孩子到底是好還是壞？保護過度，終究讓孩子少了嘗試的機會。嘗試少了，體驗少了，當然挫折與抗壓的能力也差了。太過於順著孩子，對他的挫折忍受力培養，絕對不會是好事。

祕訣116 最佳男女配角

孩子是否願意擔任可能不被注意的角色？舞台上的主角雖然只有一個人，但人人只要演好自己，個個都是主角。

和孩子玩一場讓配角變主角的遊戲，突顯配角的優勢特質，讓孩子知道每個角色所要詮釋的特色。例如：「最佳男配角，得獎的是……」「最佳女配角，得獎的是……」讓孩子說出每部電影中的配角特質。

祕訣117 鎂光燈外的角色

沒有人注意到我。有時，孩子太期待被注意、被看見，而且他人只能看見自己好的一面。期待在別人的心目中有好的形象，無可厚非，但如果自己不是那麼完美的部分也被瞧見了，孩子當下會是什麼心情？如果我們也曾經歷了如此的遭遇，或許我們也可以說說自己的感受。

秘訣118

預先儲值「應變點數」

當然在挫折忍受力上，其實也蘊含著孩子面對壓力的問題解決能力。這一點，請記得平時多與孩子儲值問題解決的點數。多將一種問題，多種解決策略先思考、先想好，放在腦海裡儲放。

當然，平時多操演、多練兵，對於未來再面對挫折時，便能夠多一些解決的策略與應變的能力。試著多出一些情境題讓孩子思考該如何因應，例如：「當大家不同意自己的看法該怎麼辦？」「面對平時底子較薄弱的數學應用題該如何解決？」「分組時，總是陷入沒有人來找的窘境該如何是好？」「大隊接力選拔結果自己沒被選上，該如何面對？」「免試升學沒有錄取自己所期待的高中，該如何是好？」將各種可能的問題先模擬好，並將可能的因應狀況對照好，這時孩子要從挫折中轉換成優雅的因應，就會容易許多。

情緒管理第6招 提升情緒控制力

非學不可之情緒控制力

孩子情緒容易失控，總是令許多父母頭痛不已。雖然大人常常急著想要處理孩子脫韁的情緒，但往往還沒幫到孩子學習如何穩定情緒之前，自己早已情緒失控。

提升情緒控制力，父母的身教一定優先於言教。父母怎麼做，孩子就怎麼學。父母能夠示範自己的控制之道，孩子就有機會耳濡目染。所以，談情緒控制力，大人得需要審視自己的控制狀況，煞車系統是否穩定、不失靈。

情緒的有效控制力，也能強化孩子的自我肯定，發現自己有能力掌握，同時讓孩子知道情緒並非那麼難以捉摸。如果自己願意去嘗試的話，仍然可以在情緒掌控上優游自如。

良好的情緒控制力對於孩子在人際關係的發展與建立上，也扮演著非常關鍵的角色。當自己可以有效控制情緒，多少也讓對方覺得你是一個穩定的人、情緒一致的朋友。同時，在相處上，讓對方能夠萌生安全感，至少不用擔心你會突然出現莫名其妙的情緒反應。

問題十九
孩子如何控制生氣？

阿力雙唇緊閉，拳頭不時施予力氣緊握，眼神怒視著一旁鼓譟、嘻笑、故意刺激他的大福和賴皮。

「來啊！來啊！來碰我啊！」說著說著，大福故意拿起在操場撿到的樹枝，朝阿力的衣服撥弄著，一旁的賴皮也作勢起鬨。這個不友善的舉動，對阿力來說，已經不是第一回。如果依照過去的阿力不斷被惡意捉弄的經驗，早就已經歇斯底里，像一部失去煞車功能的汽車般暴衝過去，狂抓猛打，而這也是大福和賴皮最期待的反應。

沒錯，不斷被挑釁的阿力，有時真的像是載滿瓦斯的車子一般。但是，這段時間以來，媽媽不斷地讓阿力知道如果自己夠聰明的話，便無須讓自己充滿危險。

當然，阿力一直覺得自己是聰明的。也因為如此，面對大福與賴皮不斷的惡意激怒、挑撥自己的情緒，阿力這回決定讓自己學會如何控制生氣這件事。

「來啊！來啊！來碰我啊！」大福不死心地把尖銳的樹枝往阿力的衣角愈靠愈近。這時，賴皮也加入捉弄的行列。

「我再一次警告你們兩個，這讓我很不舒服，不要再碰我。否則，後果你們自己負責。」「什麼後果啊？你說、你說！」大福不以為然地問著。說真的，阿力一時也沒有想到他們會有什麼後果，只是脫口說出心中的想法與心情，好讓自己稍微感到安慰一點罷了。

阿力知道自己對觸覺很敏感，更何況這還是惡意的觸碰，換成他人，也會不舒服。「沒有人喜歡被如此地對待。」阿力心想。

但說真的，被大福與賴皮這樣一直欺負，讓阿力心裡的怒氣不斷上升。就像眼前電磁爐上的火鍋，火力被開到最大，怒氣像鍋裡的昆布高湯滾沸著，一波一波，即將溢出。

阿力真的快要受不了了。原本很想乾脆衝過去給對方一拳，但是自己還是忍住了。他突然想起，前一晚，自己在家裡鬧脾氣、尖叫、亂摔東西，但媽媽卻很冷靜地站在一旁，不發一語地看著他。很神奇，也很微妙，當媽媽冷靜，自己也變得冷靜了。

阿力決定這回真的要變聰明，就像媽媽平時說的故事，不要讓自己變成載滿瓦斯的車子，在路上橫衝直撞。「我要消氣，我要冷靜。」好玩的是，阿力心裡突然浮現自己正享受著薄荷口味的杜老爺冰淇淋。想著想著，自己竟然微笑了起來。雖然這讓一旁的大福與賴皮一頭霧水，但這回，關於情緒控制這件事，阿力成功了。

情緒控制祕訣指南

祕訣119　說出心中的怒氣
祕訣120　拿到「情緒駕照」
祕訣121　想像我是一隻優游的魚
祕訣122　練習鬆開扳機
祕訣123　用行動走出怒氣圈
祕訣124　限量控制
祕訣125　別總是當「忍者」

祕訣119　說出心中的怒氣

「我不知道我是誰，也不知道我會變成什麼，我只知道一件事，當我生氣時，你最好別惹我……」

電影《綠巨人浩克》（*The Hulk*）裡，有這麼一句對白。只是我們該如何在第一時間覺察到自己生氣了，甚至清楚地反映出來呢？當然，也包括慢慢覺察到自己如何控制情緒。

把心中的怒氣說出來，至少能讓孩子免於壓抑自己的負向情緒。情緒的紓解，能量的漸進釋放，某種程度也正在說明，孩子一次又一次地在情緒控制上，不斷地進行實務演練。

「我不喜歡人家沒經過我的同意就亂碰我的東西，這會讓我心裡不舒服，請你尊重我。」「我現在很生氣，請不要騷擾我，在旁邊嘰嘰喳喳，我需要安靜。」

脫口說出心中的怒氣，讓心中的能量正常地釋放，也讓孩子體驗如何控制好自己的情緒。將自己心中的怒氣說出來，至少可以讓對方感受到自己當下的情緒。

祕訣120 拿到「情緒駕照」

面對自己的情緒，有時就像在高速公路上開車一般，希望一路都能夠平安，順利到家。但孩子有情緒駕照嗎？孩子是否能夠安全、順利地駕駛自己這台情緒巴士，抵達目的地呢？

關於情緒控制這件事，要讓孩子有畫面。讓孩子培養對於抽象情緒的想像力，好在心中演練具體的控制。試著讓孩子閉起眼睛，想像自己手握著方向盤，視線朝著正前方，並適時地向前後左右觀看順逆向的來車。讓孩子試著去感覺自己的腳輕輕地踩著油門，並以時速一百公里的速度在高速公路上行駛。當遇到前方車輛壅塞時，漸漸地放慢車速，或適時地踩著煞車踏板。嗯，這輛情緒巴士正安全、舒適地往目的地前進。

情緒控制力的練習，並不僅是讓孩子不斷地踩著自己的情緒煞車踏板，去壓抑自己的情緒。情緒是需要紓解的，而紓解應優於宣洩。當孩子需要宣洩時，多少也反映著在這之前，孩子的負向情緒已經不斷地被壓抑了。像一桶一桶情緒瓦斯被儲放在自己的內心深處，就怕一不小心隨時引爆而傷了自己，也傷了別人。

祕訣121

想像我是一隻優游的魚

當孩子感到生氣、憤怒，或許孩子需要把自己泡進水中，讓心情涼快一下，以平息怒氣。當然，運用想像力讓自己自在是一種最快速的方式。「孩子，請閉上眼睛，想像自己是一條色彩繽紛的熱帶魚，或一隻聰慧敏捷的海豚。這時，想想自己在水裡自由自在地游來游去。愈游，身體愈涼快、愈舒服。」

情緒控制的想像練習，請選在孩子平時情緒和緩時演練。讓孩子閉上眼睛，想像魚兒優游水中的畫面。練習時，如果能加上身體與手勢的擺動，會更生動、更有畫面。

如果孩子沒有辦法想像畫面，那麼，家裡不妨擺個小型的水族箱，裡面放幾隻優游的孔雀魚。有時，讓孩子看著魚兒自由自在地游來游去，也能夠達到情緒放鬆的效果。當然，生氣或憤怒時，讓自己適時泡個澡，也有異曲同工之妙。

祕訣122 練習鬆開扳機

情緒覺察十分重要，就如同手中扣著扳機，你可能感覺自己的手指頭已經輕輕地往內扣壓（情緒覺察）。當然，如果你不願意讓自己的情緒如同槍枝走火般，爆出衝突，這時你可能選擇鬆開自己的手指頭（情緒控制）。

讓孩子在情緒控制的練習上加入想像的元素。多一些想像，就能讓孩子多一些畫面，對於自我控制的力道也比較能夠掌握。這就像慢慢使力拉著弓箭，最後再漸漸地收回自己的手，放鬆弓弦，自己又成功地練習了一次自我控制。

祕訣123 用行動走出怒氣圈

情緒該如何紓解？我想，轉移注意力，對於孩子會是一件能夠帶著走的情緒控制力。

當孩子心裡充滿怒氣，這時不妨讓孩子選擇散步走走，或加速腳步繞繞。讓怒氣在一踩一踏之間，像是在進行森林浴一般，讓你的怒氣藉由大地心胸開闊地為你吸收，緩和下來。

也可以試著在即將發怒的第一時間來練習注意力的轉移。將注意力專注在特定的刺激上，例如牆上的釘子、秒針滴答滴答轉動的時鐘、地板的線條或窗戶透出的光影等，透過專注，緩和情緒。在過程中，也可讓孩子逐漸練習自我情緒控制。

祕訣124　限量控制

你可以和孩子建立一道遊戲規則，例如將每天可以生氣的次數限制在一定範圍內，配額供應。你可以使用各種物品來代表生氣這件事，例如只要感到自己生氣了，就將一張3M便利貼貼在牆上或桌面上，每天限量三張或五張都行。當孩子發現手上的便利貼都已用完時，就得自我提醒與暗示自己今天得維持好心情，因為已經沒有生氣配額可以使用了。

限量，可以讓孩子覺察自己如何將生氣次數維持在一定範圍。因為有限，所以需要謹慎使用。如果真的沒那麼生氣，那麼就轉移一下注意力，暫時先不使用生氣便利貼。

如果你發現孩子剩下好多生氣便利貼沒用，這時請多具體地鼓勵孩子，讓他知道，自己又再次有效地控制住自己的脾氣。生氣可以，但應適可而止。

祕訣125

別總是當「忍者」

我們常常會希望孩子在人際衝突中試著忍住自己的情緒，別讓暴衝衍生出更多的衝突。能忍，當然是好事，而且多少也顯示出孩子在情緒控制上做了某種程度的努力。只是，孩子如果總是忍著，這到底是不是一件好事？

從另一個角度來看，當孩子持續扮演「忍者」，我們也擔心孩子太過壓抑、忍耐情緒，久而久之，這股醞釀許久的壓抑之氣，若哪天滿溢，是否會以更不易收拾的形式爆發出來？

「如果忍著都不行，那不然該怎麼辦？」我想，我們可以從另外一個角度來思考，看看是否可以讓孩子重新詮釋自己所面對的刺激。當然，我們並不是要讓孩子合理化眼前所見的壓力，但倒是可以試著以正向的思考來調整看待眼前事物的方式。

例如：「可惡，為什麼他們總是愛對我開玩笑？我已經忍很久了，到時候如果忍不住，就別怪我會做出什麼事！」如果孩子以前總是這麼想，卻還是無法改善同學的反應，或許可以引導他試著轉個念，像是：「我想同學總是愛來開我玩笑，或許是認為我比較隨和、開朗。也許，反倒該謝謝他們對我這麼熱愛。」

問題二十
大人情緒失控怎麼辦？

昆布媽在房間裡搓揉著雙手，雙唇緊閉，但仍不斷地從鼻孔中呼出聲音，並在門口來回踱步。她試著讓自己忍住心中那股呼之欲出的怒氣，雖然她也真的很想大聲咆哮，但身為媽媽，必須以身作則示範這件事，昆布媽還是得想辦法讓自己冷靜，因為客廳裡的昆布弟還在怒氣沖沖，沒有停息的跡象。

「我這樣做，真的不知道對不對？」昆布媽一直對於自己初次使用離開現場的技巧，有些疑慮。「唉呦，昆布這孩子脾氣就是這麼拗，還在氣個老半天。難怪他老爸從小就幫他取了昆布這個綽號，像是一直在火鍋中滾著的北海道昆布。」

十分鐘前，昆布母子倆正因為關不關電腦這件事而鬧僵，誰也不讓誰。「我還要玩，等我把怪獸打完再說。」「你現在馬上給我關起來，聽到沒，昆布。」「我就說我還要玩，再等一下會怎樣？很吵耶！」「你還嫌我吵？現在馬上給我關掉，昆布。」

這時只見昆布眼睛直盯著螢幕，右手緊握滑鼠不停地滑動、按壓著。從昆布的流暢手感，可以猜測他玩線上遊戲的時間還滿資深的。接著昆布媽二話不說，果決地將電源鍵按掉。這時，只見昆布大聲狂叫：「你在做什麼！我還沒儲存檔案耶！可惡！」隨後起身，怒氣沖沖地瞪視著昆布媽。

說真的，昆布媽也被孩子的激烈反應嚇了一跳，頓時不知所措地當場愣住。當她回過神來，想到昆布剛剛的反應與態度，真讓她這個做媽的好想大聲地給他教訓一下，只是昆布媽還是忍住了。

「你給我進去房間，聽到沒，昆布。」媽媽語氣堅定地對著昆布說道，但孩子似乎沒有任何妥協的跡象，仍在電腦桌前氣呼呼地望著媽媽。眼看昆布仍然處在憤怒的情緒中，做媽媽的自己也正不免重燃怒氣，蓄勢待發。但昆布媽不久便決定改弦易轍，換成由自己先進去房間，以停止一場山雨欲來的可能衝突。「昆布，你現在正在氣頭上，我先進去房間，十分鐘後，我會出來。」

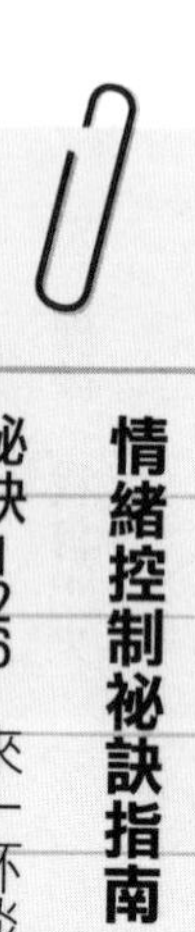

情緒控制祕訣指南

祕訣126 來一杯淡定紅茶
祕訣127 離開憤怒的視線
祕訣128 瞬間安靜的作用
祕訣129 承認自己的有限

祕訣 126

來一杯淡定紅茶

要讓孩子們學會控制情緒，我們大人自己得先幫個忙。當父母面對眼前激動的孩子時，請先讓自己維持淡定與冷靜，因為這是最好的示範。

你可能會認為：「怎麼可能，孩子把我氣成這樣，叫我如何冷靜對待？」「再怎麼說，父母也是人，也是會有脾氣的。」

重點就在這裡了。如果在情緒控制方面，我們大人本身就很難做到，或缺乏想要改變的動機，光只是要求孩子做好情緒控制，真的是緣木求魚，難上加難。但現況往往總是如此，大人的情緒控制都沒做好，卻對孩子有所要求。

如何維持自己的淡定？試著輕輕緊閉你的雙唇，輕輕的呼吸，讓自己的姿勢維持在一個最舒適與放鬆的狀態。或許腦海裡也可以來一段屬於你的美妙音樂，例如凱文．柯恩（Kevin Kern）的〈綠鋼琴〉（In the Enchanted Garden）或〈幸福藍天〉（Endless Blue Sky）。再次提醒自己，你的任何反應，都會成為孩子模仿學習的對象。

祕訣127 離開憤怒的視線

當孩子處在憤怒的情緒時，你的反應正是一種示範。如果你覺得留在現場沒有把握可以做好情緒控制，擔心自己也會按捺不住，進而囉嗦、嘮叨、發脾氣，那麼，你可以選擇離開現場，特別是在家裡時，先讓自己進房間去。

請使用平穩的語氣和緩地告訴孩子：「你現在正在氣頭上，我先離開，十分鐘後，媽媽會再過來。」說完，慢慢走出孩子的視線，往房間或其他空間走去。待十分鐘後，再出來看看孩子的情緒是否趨於緩和。如果孩子仍然怒氣未消，你可以依上述方式再進行一次。

沒錯，你可能會發現孩子在你離開的那個剎那，情緒也許會更激動。但是，請記得，你選擇離開現場，一個原因是你本身已有些許怒氣或浮躁情緒出現，另一個原因則是你的在場會讓孩子更激動。當然，還有一種顧慮是，怕你話太多，對孩子造成更多的刺激。

祕訣128

瞬間安靜的作用

你家的屋頂是否常因為房子裡瀰漫著一股「怒氣」，而幾乎要上下彈跳掀起來？當家中總是充斥著高漲的情緒，不時存在著爭執、吵鬧、火爆的氣氛，怒氣四溢在整個屋子裡，則無論是大人或孩子的生氣或憤怒都會持續被鼓吹而膨脹。

如果你有想要改變的動機，我想，這時讓屋子裡瞬間回到安靜的氣氛，會是一件關鍵要事。沒錯，你也許會告訴我，心中還是有一股怒氣無處可發。重點就在這裡，如果你希望孩子能夠學會適當的情緒控制，父母的率先冷靜，會是一個很重要的示範。至少，你讓孩子知道你可以做得到。

祕訣129

承認自己的有限

情緒管理是一道終身的課題，無論大人或孩子，在這段學習的路途上，終究會遇到一些瓶頸，或自己也沒有做好該有的情緒控制。這時，你可以嘗試放下身段，坦誠地讓孩子知道，自己在情緒控制這件事情上仍然有煞車鬆動的時候。不過重點是，做父母的會繼續嘗試，努力學習自我控制。當你努力了，當你做到了，說真的，看在孩子眼裡，將更具有說服力。

「孩子，對不起，媽媽也有情緒無法控制的時候。或許我的激動讓你不知所措，也可能更加刺激你的情緒，但我願意試試看讓自己的情緒比較穩定，或許我們可以一起來試試。」

如果你覺得用說的會有些尷尬、不自在，你可以拿起紙筆，把你想要說的話用文字來表達，這也是一種很棒的親子溝通方式。

問題二十一
當孩子情緒激動

「你讓我出去，我現在要出去，聽到沒？我只是想要見她一面，彼此把話說清楚。走開，不要擋住我，我要出去，聽到沒？」阿隆眼神帶著怒氣與敵意，語氣堅決地對著擋在門口的媽媽說著。

「阿隆，你們都已經分手了，又何必去找阿芳，不要為難自己嘛。」

「為難什麼？我只是要見阿芳一面把話說清楚，為什麼分手不把話說清楚，讓開我要出去，聽到沒？」這時，媽媽身子一退，以雙手擋住，但眼神顯現出些許的無奈與不知所措。

「阿隆，你就不要再那麼執著了嘛。更何況，你現在都已經高三了，課業壓力也比較重，感情的事情就等念大學之後再說嘛。」媽媽苦口婆心勸著。

「你在幹什麼？現在馬上給我進房間！為了一個女生失魂落魄，成何體統？讀書不讀書，淨談些什麼戀愛？」爸爸站在阿隆後面，怒氣沖沖地指責著。但阿隆仍不為所動，口中直嚷著：「我要出去，我現在要出去。走開，我要出去，聽到沒？」

「阿隆，你不能每次想幹嘛就幹嘛，這一次就聽媽媽的，先回房間休息，好不好？」媽媽眼眶濕潤地懇求著。

「你這孩子在拗什麼脾氣？你是聽不懂我說的話，是不是？現在馬上給我進去。」阿隆拳頭緊握，身體僵硬地杵在門前，嘴角不時抖動著。一旁的媽媽可以清楚地聽見孩子所發出的帶著怒氣的喘息聲。

情緒控制祕訣指南

同理、合理、堅持底線

在孩子情緒激動的當下，使用過多的言語刺激、指責與說理，沒有同理孩子的感受，淨想要壓制孩子的情緒，往往是父母最容易誤踩的地雷。面對孩子的激烈情緒，你是不是也經常如此？

有時，你會遇見一種親子互動的困境，彼此都僵在原地，兩方的負向情緒不時地往外蔓延。問題解決出現瓶頸，讓自己不知道該如何是好。

建議你先試著這樣做，在心裡優先確認是否決定讓孩子去做他執意想要做的事，同時思考孩子的這些要求到底合不合理，例如阿隆想要見阿芳這件事。如果父母確認過了，認為孩子的這個舉動不適合答應，這時，心裡的堅持底線就得清楚豎立起來。不過請記得，堅持，並不表示一定要直接以否定的語句要求孩子妥協。

祕訣
131

遇見孩子的心

建議你試著以輕柔的語氣幫孩子說出他當下心中所存在的感受，試著與他的心遇見。例如：「阿隆，媽媽可以感覺到你心裡想見阿芳一面的渴望。我想，想要見面卻一直見不到這件事，一定讓你很煎熬。」讓孩子能夠感受到你的理解。幫孩子說話時，請記得不是淨說些道理，或者要求孩子應該要怎麼做。

有時，同理會讓孩子感受到身旁仍然有理解他、懂他、接納他的人。當你能夠適度地反映孩子的內在情緒感受，通常孩子的情緒在第一時間就容易趨於緩和，激動行為也會略微降溫。因為被懂的感覺，最能讓孩子的心感到溫暖與平靜。

祕訣132

溫柔的輕拍

當孩子處於激動或思緒陷入執著，此時，是否適合與他進行肢體的碰觸，要視親子先前的互動經驗而定。如果以前孩子與你沒有這樣的習慣，或許在這當下就先避免採取這個做法。但如果孩子過去可以接受這樣的安撫與安慰方式，那麼，當你面對孩子的激動情緒，可以試著以手輕輕拍他的肩膀，或給予搭肩、擁抱，也可以讓他的情緒暫時舒緩下來。

祕訣133

幫助孩子二選一

當孩子處在進退兩難的思緒，或持續堅持己見，不願妥協時，試著以輕柔的口吻讓孩子二選一。例如，當孩子僵在現場不為所動，這時你可以嘗試說：「阿隆，你試著先回房間，或者媽媽陪你出去散散步。」說完之後，請觀察孩子的情緒反應，以作為你後續處理方向的判斷。

給予孩子選項，有時可以為也不知道該怎麼辦的他，指出一個較為明確的方向，讓他可以在情緒的牢籠中順利脫困。

秘訣134

語言刺激請迴避

在孩子陷入負面情緒的海嘯、清晰的理智被席捲而來的海水淹沒時，請提醒自己一件事，將自己的反應維持在平穩狀態，是讓孩子的負向情緒海水消退的關鍵。別忘了，你的語言刺激如果使用的時間點不恰當，很容易讓孩子的情緒板塊再度碰撞擠壓，激起另一波驚濤駭浪。我想，將心比心，當你情緒激動時，可能也無法忍受旁人持續的叨念或過多的說理。你不喜歡別人做的事，也請不要加諸在孩子身上。

問題二十二
孩子老愛動手打人怎麼辦？

「老皮！老皮！你是老皮！」「你才是老皮勒！你再說我是老皮，小心我揍你！」這時只見小峰雙拳緊握，怒視著眼前的阿燦。「老皮！老皮！你是老皮！老皮！老皮！你是老皮！」阿燦愈叫愈起勁，誇張地笑到彎下腰，沒有停下來的跡象。

「你再說……」只見小峰以迅雷不及掩耳的速度衝向前，朝著阿燦的後腦勺一拳揮了過去。這時，被突如其來的舉動嚇壞的阿燦，痛得哭了起來。「活該，誰叫你一直要叫我老皮！說不聽，欠打，是你自找的。」略顯激動的小峰不客氣地說著。雖然，揮下去的這一拳，也讓他自己的拳頭痛得要命。

「我只是覺得小峰很好玩，才叫他老皮的，我又沒有要笑他的意思。」阿燦的兩滴眼淚仍然掛在微濕的眼眶上，面對著一臉撲克的阿燦媽，他低頭輕聲地說著。當然，正前方則是杵在導師與媽媽之間的小峰。他仍然一臉怒氣未消的模樣，渾然不知自己到底錯在哪裡。

「小峰，媽媽跟你說過多少次了，不要動不動就用拳頭打人，都已經是四年級了，怎麼還是這麼講不聽？」這些話，聽在小峰的耳裡，都讓他的拳頭因為緊握而再次露出青筋。

「我剛剛已經說過了，是阿燦一直叫我老皮，我叫他不要再說了，但是他就是一直講不聽，所以才活該被我揍。揍一揍，他下次就不敢再笑我了。」小峰理直氣壯地說著。

「你還說人家講不聽？自己還不是老犯錯，你還有資格說人家。快跟阿燦和阿燦媽媽說對不起，聽到沒？動手就是不對，沒有理由你知不知道？」小峰雙唇緊閉，眼睛怒視著阿燦，阿燦則將頭撇到一旁不敢正視。

情緒控制祕訣指南

祕訣135　生氣有理，打人無罪？
祕訣136　一碼歸一碼
祕訣137　讓孩子先沉澱
祕訣138　動手以外的選項

秘訣135

生氣有理，打人無罪？

有時你會發現孩子在生氣之際，隨即出現打人的動作。當你追問原因時，孩子總是理直氣壯地告訴你：「誰叫他讓我生氣，活該，我才打他。」

當我們問孩子「為什麼？」時，不知不覺中已引導著孩子往合理化的方向找藉口，反而錯失了自我行為的覺察機會。當孩子習慣將問題歸咎於他人時，就很難看見自己行為的不適當，例如動手打人。

秘訣136

一碼歸一碼

試著讓孩子搞清楚，生氣與打人是兩回事。讓孩子知道「對方惹你，令你生氣的感覺，媽媽可以接受，但這並不表示你就可以動手打人」。

因為解決的方式有很多，不表示打人是唯一的選項。更何況這還不是能夠被接受的選項。

當然，在孩子生氣地動手打人之後，如果你在他怒氣未消的情況下，立即對他的行為給予懲罰，我想，孩子當下將會更不服氣。「為什麼他惹我生氣，我還要被處罰？不公平、不公平。」因此，處理的時間點必須拿捏得恰到好處。

祕訣137

讓孩子先沉澱

先不急著針對動手打人的行為後果進行處理，但是你需要讓孩子知道，後續你將與他討論這件事。先同理、接受孩子被惹怒的氣憤感，給孩子一段沉澱心情的時間，再選擇一個好時機，針對動手打人這件事，讓孩子學習承擔責任。

「小峰，晚上八點鐘，我再來書房和你討論今天上午在學校與同學衝突的事情。」你可以直接口頭告訴他，如果當下氣氛有些僵持，也可以透過紙條、便利貼的方式提醒他。

為了避免處罰這兩個字讓孩子心裡更加感到不平、不滿或委屈，建議你，可以改問孩子：「你覺得對於動手打人這件事，媽媽可以怎麼做？可以怎麼處理？」讓孩子自我覺察到自己的行為與代價後果之間的關聯性。

或許你會發現孩子對於你的問題選擇緘默、不回應，但你的這句話，卻也提醒了孩子必須為自己的行為承擔責任。

如果孩子遲遲不說，也可以由你來接話：「既然你不說，那麼就由媽媽來給意見。」這時，你可以考慮孩子平時所在意的事，以二選一的方式讓孩子做決定。

秘訣138

動手以外的選項

當然，除了考慮動手打人所可能帶來的行為後果之外，孩子要如何學習更成熟的問題解決模式，會是更積極的思考。想像一下，孩子在被招惹時，如果不採取直接動手反擊，那麼，你期待他如何因應呢？

讓孩子學習如何不動手，特別是在盛怒之下，仍然能夠自我提醒，做好該有的自我控制，至少要做到拳頭不出，雙腳不踹。有些孩子也會選擇雙手握拳或放口袋，有時甚至於轉身離去。

情緒管理 第7招

提升焦慮調適力

非學不可之焦慮調適力

適度的焦慮有其存在的必要，但是孩子如何維持適當的焦慮調適力，優游在焦慮與平和之間，卻是一道必須學習的情緒管理課題。焦慮無所不在，當然焦慮本身也不是每次都會對自己帶來傷害，適度的焦慮其實是有必要的存在，特別是當孩子需要面對問題加以解決之時。

焦慮是很自然的存在，只是別讓孩子被焦慮的情緒淹沒了思緒，進而影響到自己的生活與表現。特別是當焦慮如黑熊般朝自己迎面而來時，自己也很容易被這股焦慮的情緒黑影所吞噬。

孩子需要發展出一套能夠讓自己感到適應的焦慮因應與調適能力。這樣的焦慮調適力，讓孩子在面對眼前的壓力時，能夠從容地將問題迎刃而解。

壓力與焦慮有時像哥兒們，感情濃得化不開。該如何因應壓力？該如何調適焦慮？這是孩子在生活與學習上一項重要的課題，也反映著孩子情緒管理的能力。

問題二十三
孩子社交容易焦慮怎麼辦？

小博眼神倉皇地向四周張望著，衣領則因為不斷地含咬而明顯濕透，滿是皺褶。靠近他時，會發現孩子的呼吸顯得急促，同時雙手指甲也因為不時地摳弄而傷痕累累、慘不忍睹。

下課的操場上，同學們的嬉鬧聲、追逐聲、一旁玩起躲避球的吶喊聲，讓不知所措的小博繼續孤零零地站立在花台邊緣。小博很清楚知道，自己不喜歡同學總是笑他是一尊會微微顫抖的銅像。

其實，佇立在一旁觀看的滋味讓他十分難熬。同學歡樂的下課十分鐘，反而成了他焦慮煎熬的十分鐘。當然，那種不舒服的感覺不會只限於這十分鐘。有時，感覺甚至像一場漫長的等待。

上課，對於小博來說，往往就顯得相對自在些，只要老師不要老是愛分組就好。但問題就在這裡，這學期，班上正好來了以愛分組而出名的數學老師。小博心裡總是咒罵著他，並給他取個「南瓜老師」的綽號，只因為「南瓜」是小博最討厭吃的蔬菜之一。

分組總讓小博不知道該如何是好。每回只要遇到老師宣布：「各位小朋友，現在開始自己去尋找，四個人一組，動作快。」當南瓜老師說到「動作快」，小博的心跳就開始變快，有時甚至手心冒汗。如同在花台邊的感覺一樣，他只能茫然地看著同學們像蜜蜂一樣飛來飛去。嗯，這嗡嗡嗡的分組聲，嘈雜得讓小博更加不舒服。

說真的，好像都沒有人感覺到他的存在。自己一如別人所說的，像尊會微微顫抖的銅像站立在座位旁。小博好期待有人可以主動來找他，雖然，即使有同學來找他，他也會緊張地說不出話來。

小博很討厭這種感覺。他知道其他小朋友常常說他喜歡自己一個人，但其實他也希望有人作伴。只是若要他主動去找同學，就像要他攀爬一道阻隔在眼前的高牆，根本無從著手。而當同學主動來找自己時，也讓自己心中的小鹿亂撞，連小博自己也不知道為什麼會這樣。

焦慮，似乎成為小博如影隨形的唯一朋友，雖然小博並不喜歡它。因為，只要它一出現，就讓小博很不自在。只是，小博還是說不出來，焦慮這朋友到底從何而來？

焦慮調適祕訣指南

祕訣139 釐清孩子的焦慮原因
祕訣140 找出焦慮的誘發關鍵
祕訣141 從日常生活進行焦慮抓漏
祕訣142 為孩子說出焦慮
祕訣143 漸進式面對焦慮法
祕訣144 設置人際緩衝區
祕訣145 書寫焦慮
祕訣146 討論焦慮
祕訣147 剝開焦慮洋蔥
祕訣148 朗讀自己的焦慮
祕訣149 大聲說出好訊息
祕訣150 避免注意力窄化
祕訣151 尋求協助
祕訣152 做出選擇，下好離手
祕訣153 熟悉感，讓情緒舒緩

祕訣
139

釐清孩子的焦慮原因

孩子的焦慮隨著不同的情境因素而有不同的樣貌，例如，有時孩子的焦慮來自於與主要照顧者的分離，在情感依附上會呈現出不安全感及缺乏信任感的問題。

有些孩子則對於「在班上需要面對老師開口」這件事，顯現出選擇性緘默的焦慮，這些孩子的表現模式通常是在家裡說話較自在、較沒異樣，但在學校卻傾向於保持緘默不語。這時，孩子的注意力總是聚焦在眼前的老師是否會要求他開口說話，擔心自己說話時別人聽不清楚、聽不懂，或在意別人的反應。當然，有些孩子會焦慮到連自己也不知道在擔心什麼。

有時，孩子的焦慮來自於人際關係的互動與相處，面對班上同學的排擠、疏離、拒絕或衝突，特別是在分組或下課時，往往會不知所措，不知該如何是好。雖然自己很想和同學好好地相處互動，但總是使不上力或沒有機會，人際關係上的被拒絕感，有時也容易讓孩子感到焦慮而拒絕上學。

當然，另一種常見的狀況是孩子焦慮於學校的課業表現，當學習總是跟不上進度、總是陷於似懂非懂、總是被老師叫起來卻回答不出問題時，孩子便顯得焦慮。當然，其中也有些孩子的成績排名在前，卻仍對分數斤斤計較，十分敏感，會拿自己與他人的分數較勁，以至於一遇到考試，就容易喚起躲在內心裡的焦慮。

有時，孩子則是對於上台說話容易焦慮、不自在，當然有些孩子容易放大自己的不安，容易預期自己會表現不佳或失常，進而對上台感到忐忑不安。

你的孩子呢？你是否已經觀察到他在什麼情境下最容易感到焦慮？

秘訣140 找出焦慮的誘發關鍵

有些孩子對於自身焦慮的原因，或許尚能說出一些端倪，讓你知道他感到不舒服的可能原因。但大多數的孩子往往說不出個所以然來，特別是口語表達能力相對較弱或年紀幼小的孩子。

想要讓孩子學會調適自己的焦慮，首先需要的是和孩子一起找出會讓自己感到焦慮的來源。找出焦慮的來源為什麼那麼重要？因為如果沒有先確認引起孩子焦慮的根源，只是一味地進行情緒的紓解或放鬆，問題將依然存在。這就像發現天花板在漏水，但卻沒嘗試去抓漏，找出漏水的緣由一樣。

秘訣141 從日常生活進行焦慮抓漏

你或許會問：「那麼，如何找出孩子的焦慮來源？我也常常問孩子，但他們往往一問三不知，老是回答不知道、不知道，或乾脆搖頭表示。」沒錯，前面有提到過，孩子並不容易清晰地說出自己的焦慮到底從何而來。不過，說真的，這一點連大人也不見得能夠清楚辨識，除非你平時一直都有在練習自我覺察。當你無法從孩子的口中得知，這時就得啟動我們對於孩子個性與身心特質的了解，以及對他日常生活的敏感觀察。

由於每個孩子的特質不同，因此，你可以特別去觀察當孩子從平穩的情緒轉變為焦慮時，在這前後出現了哪些情境的變化。如果你發現孩子真的無法辨識，此時你是否能適時反映同理心，就會是相當重要的一件事，也就是：幫孩子說出來。

祕訣142

為孩子說出焦慮

當你適時地幫孩子反映他的焦慮情緒，特別是如果你適切地反映孩子的心情，你會發現孩子當下的情緒將會緩和下來。說對了，貼近了，有人了解了，心情或許就能舒緩了，這時，代表你做了很好的同理。

祕訣143

漸進式面對焦慮法

孩子的焦慮調適需要漸進式的練習，這就像測試水溫一樣，你會用手一次又一次地輕觸，直到你適應溫度為止。孩子的焦慮調適也是如此，但重點是，你得要開始動手去試水溫。

以孩子的人際焦慮為例，要改善及調整他的焦慮適應度，首先，你得要讓他開始面對焦慮的來源，啟動他的人際互動關係。愈是逃避人際的互動，愈是容易衍生出焦慮。選擇逃避雖然能暫時緩解孩子的焦慮，但問題仍然未解，內心的焦慮仍然會呼之欲出。

祕訣 144

設置人際緩衝區

我在許多的演講及諮詢場合，常和父母或老師分享，試著為孩子們製造人際圈，或以強迫分組的方式，讓孩子有機會和特定的小朋友互動。而這情境的製造，至少對於孩子來說是一種緩衝。

為了提升孩子在人際關係上的焦慮調適力，可以先讓孩子在有安全感、信任感、穩定的人際關係中，慢慢去感受、面對與經驗自己相對較弱的社會力，同時也可以藉機品嘗人與人之間互動的成功經驗。這時，孩子會發現在人際關係上能夠自我控制的部分增加了，相對地，焦慮也會隨之降低。

祕訣 145

書寫焦慮

讓孩子練習將焦慮寫下來，或讓孩子改用打字輸入表達出來。把心裡的不安、焦慮與擔心從深藏的內心裡藉由文字一一寫出或打出，並呈現在眼前的紙上或電腦螢幕上，讓孩子更有機會去辨認自己所焦慮的事情到底是什麼。是焦慮於提出邀請會被拒絕、不知道人家在玩什麼、擔心自己的話題對方沒興趣，還是人來人往人太多，總是讓自己不知道該如何是好？

祕訣 146

討論焦慮

寫下來的好處是有機會能夠和孩子進行討論，也可以從中了解孩子對於周遭人事物的想法與詮釋。有時孩子容易在焦慮的迴圈上打轉，但寫下來後，比較有機會讓他的思緒藉由彼此的討論，產生與原先不同的看法，製造跳脫的機會。

祕訣 147

剝開焦慮洋蔥

這時，請引導孩子運用想法的剝洋蔥練習，以剝洋蔥的方式，一層一層引導孩子慢慢看見這份擔心背後真正的含義。例如你可以問孩子：「如果提出邀請被拒絕，對自己有什麼意義？」「如果都沒有人參加，會發生什麼事？」丟出類似的議題讓孩子思考，這樣可以讓他有機會去覺察自己內心深處真正的焦慮源頭。

例如，孩子可能回應：「如果提出邀請被拒絕，就表示同學不接受我、不認同我啊！」「如果提出邀請被拒絕，在班上我就會變成一個人獨來獨往，很孤單的。」

這時，你可以繼續以剝洋蔥的方式詢問：「那同學不接受、不認同你，對你來說代表什麼？」「你一個人在班上獨來獨往很孤單，又會怎麼樣呢？」

試著再聽聽看孩子可能延伸的想法，這時，在一層一層的釐清之後，孩子為何感到焦慮的答案便將呼之欲出。

祕訣148　朗讀自己的焦慮

有時，你可以試著讓孩子練習將自己的焦慮大聲說出來。能夠放聲說出，是情緒的一種紓解。例如：「每次分組都沒有人願意跟我同一組，這件事讓我一直很焦慮。」從孩子說出、朗讀出自己的焦慮過程中，聆聽他所使用的語調、語氣、音量等，從中感受孩子的焦慮程度，同時讓孩子正視自己內心的焦慮。

隨後，再讓孩子試著把說出來的話，改成另一種形式說出，如同前面文章所提到的正向思考力，改用較為正向並可以讓自己的情緒舒緩的方式，重新輸入啟動程式，說說看。例如：「說真的，按照規定，每個人都需要被歸在一組，無論是哪一組，至少我都會屬於某一組。等名單出爐，到時候，我就知道自己在哪一組囉。」

過程中，你可以試著把孩子朗讀的焦慮聲音用手機或錄音筆錄下來，再播放給孩子重複聆聽，讓他試著從聲音的語調中，再次感受自己的情緒變化。

大聲說出好訊息

容易感到焦慮的孩子，也總是容易看到對自己不利的部分。有時，就像自己嚇自己一樣，心中的黑熊不時地跑出來，使得焦慮無所不在。因此，如何讓孩子練習去看好的部分，讓自己感到輕鬆、自在，我想，這需要從我們大人本身的習慣做起。你怎麼看這世界，孩子也會跟著學。

例如，從原先較為負面的想法「反正他們不會想要跟我玩」，練習修改想法程式，轉變為「或許，我主動過去找他們，他們也會很樂意和我玩」「我有一些新把戲，或許他們會喜歡，我可以試試看」。藉由一次又一次將修改後的想法大聲說出來，讓這些具有正向能量的話語一次又一次透過自己的雙耳，進入腦海裡，不斷地播放。調整想法，焦慮也跟著釋放了。

在這裡，你會再次見識到正向思考力對於焦慮調適的影響。當然，也讓孩子重新解讀眼前的焦慮來源。每次的正向思考總是能夠讓該事物所帶來的焦慮一次又一次地減緩，孩子也會發現自己愈來愈能夠控制自己的焦慮。

祕訣150 避免注意力窄化

焦慮有時也來自於孩子過度放大自己所擔心的事物，窄化的注意力只會讓自己瞧見對自己不利的點，而忽視了周遭對自己有利的條件。

例如，有些孩子在準備考試時，面對眼前不熟悉的數學應用題，會開始出現過度聚焦及放大的現象。「怎麼辦？慘了，這回數學完蛋了。我怎麼看不懂這回的應用題在說什麼？」

沒錯，眼前的應用題可能困住了孩子的思緒。但孩子也可能忽略了，其實除了眼前這一兩題應用題讓自己感到疑惑、不知所措外，其他的內容他都已胸有成竹，再熟練不過。

過度窄化的注意力，只是讓他看見自己的「不會」，並過度放大這些不會掩蓋過他已經會的部分，進而遮蔽了他的自信，害自己感到無謂的焦慮。

祕訣 151

尋求協助

有時，孩子們需要的是解決問題的策略，例如以尋求協助來舒緩自己的焦慮。當他的焦慮源是來自於不懂數學課本上的說明，此時，想辦法尋求他人的協助是紓解壓力的最佳方式之一。「薇薇，課本上說個位、小數點、十分位都要對齊，是什麼意思？」能提問，焦慮就有機會化解。在面對人際關係上的焦慮也是如此，例如：「老師，下次數學分組能不能由你來指定哪些人一組？」

祕訣 152

做出選擇，下好離手

有時，孩子面對眼前的事物很難下定決心。向左轉，向右轉。向右轉，向左轉。當左右、右左、左右一直無法定案時，時間拖得愈久，孩子的焦慮指數就愈往上攀升。

太多的選擇，反倒容易讓孩子感到不知如何做決定，進而產生焦慮。當孩子總是容易猶豫不決或優柔寡斷時，你可以採取二選一的做法，讓他在限定時間內做選擇。有時，為了讓孩子能夠更快地做決定，你可以試著將兩個選項的落差拉大，避免形成五五波的態勢。藉由較大的落差，增加孩子做決定的判斷。如果孩子在時間到的時候仍然舉棋不定，這時就依規定直接由大人定案，等到下一回合再讓他做選擇。

祕訣153 熟悉感，讓情緒舒緩

我自己常常身處在移動式的工作情境中，也發現，在不斷變動的服務行程中，總有些讓自己固定轉換情緒的方式。這裡所謂的固定，或許是吃特定的東西，或許是去特定的地方，或許是做特定的事。我發現在不斷變動中，尋求短暫的不變，有時會是一種很棒的紓壓方式。

你是否熟悉孩子的固定傾向，或是孩子容易在哪些情境上緩和焦慮？結構、固定、熟悉、可預期等元素，有時具有讓人舒緩情緒的功能。或許你可以試著與孩子開始尋找看看，找出生活中的這些情緒舒緩因子，以及屬於自己的輕快節奏。

問題二十四
當孩子一直咬手指頭怎麼辦？

「小苹，媽媽跟你說了多少遍，叫你不要再咬手、摳手。你看你，講不聽，指甲咬成這副德性，像話嗎？」媽媽不耐地向小苹嘮叨著。但這些魔音穿腦的叮嚀似乎對小苹起不了作用。不一會兒，小苹仍然繼續咬著不成樣的指甲。

眼見小苹咬手指的毛病沒有停下來的跡象，媽媽的語氣也顯得更加浮躁，她雙手扠著腰，再次對著小苹數落著：「我再警告你一次，不准再咬手指頭知不知道？再講不聽，就拿紗布把手指頭全包起來，看你到時候怎麼咬。」小苹媽突然發現，這回自己怎麼說出這麼重的話？但是，既然話都說出口了，她也就吃了秤砣鐵了心，再把話又向小苹說了一次。心裡想著，或許嚇唬她也能夠帶來成效。

小莘勉強將手放了下來，但不一會兒她又不時地摳弄起雙手，只是這次她選擇把手壓得更低，免得被媽媽發現。只是她愈想要隱藏這個動作，愈讓媽媽感到她的不對勁。「你在幹嘛？叫你不要咬手，現在卻給我改成摳手？你到底有完沒完啊！真的是沒事給我找事做耶。」這回小莘媽終於給惹毛了，她氣急敗壞地一手扠腰，一手指向小莘，對她再度做出警告。說真的，連媽媽自己都沒有把握，是否真的會乾脆拿起紗布把她的指甲全包起來。

「為什麼這個孩子老是說不聽呢？這個壞習慣怎麼那麼難改呢？」小莘媽心裡愈想愈不對，始終想不透，小莘到底是怎麼回事。「這孩子從小班就開始這樣，動不動就咬手、摳手，不是沒有跟她講過，但為什麼這個習慣老改不了呢？難道是對她不夠兇，就沒有作用嗎？」

小莘媽自認在這件事情上已經盡了最大的努力，但也逐漸感到力不從心。只是說歸說，這麼多年來，媽媽卻從來沒有想過小莘是否可能一直存在著莫名的焦慮。在小莘媽的心裡，總認為孩子有事就應該會開口說。

「但小莘這孩子從小就乖得很，也沒聽過她抱怨過什麼，功課表現也都一直維持在水準之上。」愈是這麼想，小莘媽就愈感到不解與納悶。「這孩子咬手、摳手到底是要告訴我什麼呢？」

焦慮調適祕訣指南

複製成功的經驗

有時你會發現，當自己想要去找出孩子咬手、摳手的原因時，很容易陷入茫茫大海，在腸枯思竭後，仍然一無所獲，只感到挫折與無力。或許你該換個方式，試著找出孩子最自在的時刻，例如孩子什麼時候不咬、不摳，從這個情境中回過頭來思考孩子焦慮調適的成功經驗。這麼說好了，想想孩子最自由自在的情緒是處在什麼情況下？同時，我們與孩子是否能夠重新複製這樣的情境，讓孩子再次感受到自在的成功經驗？

例如你可能會發現，當孩子可以任意選擇想要看的繪本，並專心地閱讀時，孩子可能就會展露出難得的微笑；或者當孩子聆聽美妙的音樂，繞著公園隨興漫步時，整個人的身體是最為放鬆的。

這時，從你萃取出的成功情境會發現，孩子在自發、不受拘束、專心享受自己所選擇的事物時，心情最為自在，焦慮指數最低。那麼就先從這些元素的安排開始，讓孩子在類似的情境中，先感受可以順利調適焦慮的正向經驗。

祕訣155　限制只會徒增壓力

當面對孩子咬手、摳手的行為時，父母的處理僅是不斷地耳提面命，要求孩子不准這、不准那，說真的，只會讓孩子的焦慮更加惡化。因為存在的問題並沒有被協助、被解決，讓孩子感到焦慮的壓力源仍然存在。

當我們以更強烈的方式要求，例如：「聽好，你不准再咬手、不准再摳手，聽到沒？」其實，孩子所面對的壓力很容易變成雙重分量。或許孩子在你的眼前不咬、不摳了，但是在轉身看不見時，咬手、摳手的行為再次出現的頻率將相當高。

也有一些時候，孩子雖然不咬、不摳了，卻改以其他行為來表現焦慮，例如捲頭髮、拔頭髮、抓臉、挖鼻孔、咬嘴唇、咬衣領、捲衣服、咬袖子、轉釦子等。其實問題一直都在，甚至更加惡化。

秘訣156 幫孩子說出感受

幫孩子說出他的感受，讓孩子至少能夠有一種「有人懂得我、有人了解我」的感受。或許你可能會說：「我都有說啊！」但是仔細想想，你所謂的「說」，會不會都是提醒孩子不要再咬、再摳等這些話？

「孩子，媽媽發現你不斷咬手指頭、摳手指頭，我想，或許有些事情讓你感到焦慮不自在，這樣不知所措的感覺多少讓你感到渾身不舒服。」當反映感受先有了，情緒被保固了，孩子接著繼續向你傾訴、說出自己內在的感覺與經驗的可能性，會比較高一些。

秘訣157 沐浴與泡澡

水，對於大部分孩子來說，總是熟悉與親切的。除了部分孩子對於觸覺過於敏感外，沐浴與泡澡，總是能夠帶給孩子紓解與放鬆的感受。咬手、摳手畢竟是焦慮的表現之一，因此如何找到讓孩子紓解壓力的方式，是值得我們腦力激盪的。沐浴與泡澡是孩子每日的生活中較能夠紓壓的方式之一，你可以留意，孩子在洗完澡後，整個人是否較能呈現放鬆的模樣？

轉移注意力

有時，孩子轉換情緒、舒緩焦慮的方式真的很單純。重要的是，我們是否能讓孩子發現，舒緩焦慮的遊戲，其實就是生活當中很自然的存在，就像打水漂。往往一個小小的動作，就能帶給孩子大大的轉換能量。生活中，轉換情緒的方式無所不在，只要我們可以和孩子一起來記錄這些生活上的小確幸。讓孩子在腦海裡，隨時都能夠提取這些單純的童趣——一種讓壓力與焦慮暫時遠離的隨手樂趣。

如果孩子的心情真的焦慮透了、糟透了，轉移注意力是讓當下的焦慮情緒轉換的關鍵方式之一。日常生活中其實存在著許多能夠讓人轉移注意力的元素，端看我們有沒有發現它、運用它。

舉例來說，有些孩子為了讓焦慮可以舒緩，會將注意力放在數電線杆上的麻雀，或是計算馬路上同款的車子，或留意路上行人所撐雨傘的花樣等等，和孩子一起念出路上的廣告招牌等，也都有轉移注意力的作用。

轉換注意力的方式無所不在。這些日常生活中的小玩意，有時扮演著小小的槌子，輕輕地敲下焦慮這道牆上的磚塊。你能想像出愈多的注意力轉移，透過行動一次一次執行，自然也就能一次又一次地把焦慮高牆慢慢敲出一個洞來──一個讓孩子能夠透氣、自由自在的紓解大洞。

祕訣159

回溯問題源頭

孩子可能因為被同學嘲諷、排擠、拒絕而感到焦慮。但是，如果我們在面對孩子的咬手與摳手行為時，卻沒有發現這當中所存在的問題點，也就談不上協助孩子解決這段人際關係上的壓力了。

問題二十五
如何克服上台焦慮？

小靜總是一副平板的表情，眉頭總是深鎖。媽媽可以感受到她的臉部肌肉常處於硬邦邦的狀態，眼神常四處游移，不太敢直視說話的對象。衣服的領子常常可以見到咬痕與濕跡，觀察她的手指甲，則可以發現明顯因為長期的咬、剝而斑駁。

小靜不時會用手捲著頭髮的瀏海或翻轉著長髮的髮梢，有時還可以看到她不經意地挖著鼻孔發呆，坐著時則兩腳常常糾纏在一起。

「小靜、小靜，你有沒有聽到我在跟你說話？你在發什麼愣，怎麼老是這副遊魂的樣子。」說真的，其實媽媽這一句話，小靜也沒有聽進去，她仍然為著明天上午的英文台詞而焦慮著。

每回上台之前她都會這樣。「小靜，你到底要不要說啊？你已經在上面待很久了。快一點講，後面還有其他同學要上來練習呢。」其實英文老師已經有些耐不住性子了。

「老師，不然我排最後好了，先把機會讓給別人。」這是小靜常有的反應，先逃再說。

「媽媽，我明天能不能請假，我頭有些不舒服。」這時，媽媽大概可以猜到明天又是要報告的時候。「小靜，你不是已經準備很久了嗎？我看你也練習得很好啊！不會有問題的啦！」小靜媽試著安慰她，但顯然效果有限。

「媽媽，我頭有些暈暈的，我明天能不能請假？」

「那報告怎麼辦？」這回媽媽直接脫口問。

「你不能老是這樣啊！哪有每次一要上台報告就這邊不舒服、那邊痛的，這樣還得了，以後長大出社會怎麼辦？」說真的，小靜才不會想到長大出社會這件事。因為單單明天英文課要上台報告這件事就足以讓她過度換氣了。

「難道小靜這孩子跟我這做媽的小時候一樣？」說到上台焦慮，媽媽自己靜下心來回想，以前念書的時候好像也有過這個毛病。但或許是日子相隔太久了，自己倒也不記得當時是怎麼應付過來的，也可能並沒有因應成功，只是因為自己出了社會後很快就結婚了，在家當家庭主婦，也就不必面對上台報告這回事了。

「唉呀，你在擔心什麼？不就英文課上台報告而已嗎？很快的啦！不是每個人只有一分鐘不到？你就當成是自言自語好了。」小靜媽試著以她能夠想像得到的方式告訴孩子，但似乎毫無作用。

「媽媽，我明天真的要請假啦！」小靜含著眼淚，再度向媽媽懇求。

焦慮調適祕訣指南

祕訣160　眼神的注視技巧
祕訣161　把上台報告想成一場遊戲
祕訣162　在講台上適度移動
祕訣163　手握東西轉移注意
祕訣164　先醞釀，想好再說
祕訣165　放慢說話速度
祕訣166　用微笑化解可能的僵局
祕訣167　練習心情留白
祕訣168　切換情境，轉換心情
祕訣169　把擔心說出來

秘訣160

眼神的注視技巧

如何讓自己在台上放鬆？如何面對各種不同類型的焦慮？孩子需要學習如何控制焦慮，讓自己的心情放鬆與平靜。例如上台報告這件事，眼神要注視哪裡？有時，我們會引導孩子，在他們一上台時，先將視線聚焦在台下特定的聽眾或同學身上。選擇的標準，主要以能夠讓自己感到自在為原則。

有時，在報告的過程中，也可以將視線在不同的聽眾身上挪移。當然，對方的正向回饋，例如微笑，也是一種自我強化的回應，讓自己更有自信。

秘訣161

把上台報告想成一場遊戲

有時試著讓孩子改變想法，從原先將上台視為洪水猛獸，到調整為上台是一種遊戲。為什麼把上台視為一種遊戲有它的正向意義呢？畢竟對孩子來說，遊戲基本上是好玩的、有趣的，能夠樂在其中的。把上台與遊戲做連結，多少能夠逐漸轉移孩子對於上台的負向看法。試著與孩子找出上台好玩、有意思的元素，就像是在扮演台上台下的想像遊戲。

祕訣162

在講台上適度移動

有時，讓自己在台上適度地移動，也能緩和自己的心情。當自己杵在原地不動，久站的姿勢很容易讓身體僵硬，進而引發心理的不自在。

讓移動就像是在講台上散步一樣，透過移動，可適度地調整自己的呼吸與心跳，同時藉由移動轉移注意力，進而放鬆心情。

祕訣163

手握東西轉移注意

有時你會發現孩子在台上手足無措，特別是當雙手空空時。孩子總是容易顯得緊張、焦慮，不知道手該如何擺，才能讓自己比較自在。你可以引導孩子在上台時，握著一支筆或拿著一張紙。有時，僅僅只是將手放在桌子上或椅背上，這些動作其實都能帶來某種程度的注意力轉移效果，進而讓自己在台上更自在。

祕訣164

先醞釀，想好再說

引導孩子平時在說話前就先將要說的話在自己的腦海裡一次又一次地運轉。這樣做，可以讓孩子對自己所要表達及想說的話，更能夠有所掌握。有了把握，便也能夠降低焦慮感。

有時，也可以事先把自己上台要說的話錄音下來，戴上耳機，再反覆播放給自己聽，加強印象。

祕訣 165

放慢說話速度

當說話的速度變快了，其實也很容易讓說話的當事人或聽者同時感到緊張或焦慮。這時，你可以試著讓孩子把說話的速度放慢。但這種慢，並不是讓自己講話時的語言變得不流暢、吞吞吐吐或拖拖拉拉。

忘詞時，可以運用走動的方式來因應。試著讓要報告的內容再度浮現在腦海裡。開口前，先選定要注視的對象（以能夠讓你感到自在的人為優先），輕輕深呼吸，再報告。

祕訣 166

用微笑化解可能的僵局

讓孩子試著練習上台微笑這件事，當然，這樣的微笑練習得在平時就開始，而非僅在台上才做。當平時微笑多了，上台的微笑機會也就多了。別忘了，在報告時，請選擇注視一樣會對你微笑的人。

練習心情留白

面對焦慮時，試著讓孩子有些留白的時間進行轉移，多一些緩衝的時間沉澱，好讓自己培養出一些因應焦慮與控制焦慮的能力。為自己多預留一些時間，須知上台前，心情也需要留白，就如同登機前的等候一般。讓孩子學習優雅、從容一些。

秘訣
168

切換情境，轉換心情

當孩子的情緒陷入泥淖時，藉由不同活動的轉換與變化，有時也可以帶來情緒轉變的契機。切換心情，就是讓自己對情緒能夠有所控制。

轉換的方式有很多選擇，無論是改變地點，或是找些其他的事情來做，或是透過情境的切換，都能讓心情有不同的感受與體會。這一點，在準備上台前，可以讓孩子多多嘗試。

把注意力從原先聚焦於所擔心的事物上，轉移到其他的刺激，孩子們面對焦慮時，注意力的轉移往往是他們慣有的一種方式。讓孩子學習各種焦慮的調適方法，以便他們能夠優游地來到心裡的寧靜海。

秘訣169

把擔心說出來

焦慮對於孩子來說，往往是沒有辦法清楚地說分明的。但也因為如此，所以才需要我們大人協助，讓他們能夠慢慢辨識，是什麼樣的想法讓自己如此焦慮、如此擔心。

你可以事先探詢孩子的想法，例如：「上台會讓你想到什麼？」「上台時你在焦慮什麼？緊張什麼？擔心什麼？」

先試著聆聽孩子，看他們是否可以約略說出原因，無論是擔心台下同學的反應、害怕說錯話、害怕同學聽不懂、怕自己會突然忘詞、怕自己會在台上失常，或愣在現場不知所措等等。

試著聆聽孩子的想法，觀察其中是否出現對孩子不利的不合理想法，這樣的介入方式，可參考如何提升正向思考力的章節。

情緒管理第8招

提升問題解決力

非學不可之問題解決力

在情緒管理中，引導孩子如何學習有效的問題解決及行動力，好讓自己的情緒能夠維持在一個平穩及正向的狀況，時時讓自己保持好心情，讓孩子學習到一套可以帶著走的能力，是我常常在演講及諮商場合中向父母及老師強調的事。

面對一個情緒問題困境，說真的，不會只有一種固定的解題模式或答案。腦力激盪出平時可以運用的方式，練就一番功夫伴隨著孩子成長，以便隨時將自己的情緒調整在最佳狀態。

問題解決力的培養，讓孩子在面對各種不同的情緒面向時，能夠在第一時間以最佳的行動方案來讓自己的情緒獲得紓解或轉換，讓自己的情緒可以隨時維持在自己所期待與滿意的情緒狀態。也可以這麼說，問題解決力形成了孩子的生活方式與內容。

當孩子的問題解決力提升了，你會看到孩子更能優游在自己的選擇與行動上，同時藉由行動力讓自己更能夠感到有股正向能量在燃燒著。這時，孩子能夠懂得在什麼情況下，自己可以決定用什麼樣的方式來因應。

問題二十六

當沒有改變的動機怎麼辦？

「你就是這一副牛脾氣，我看你真的是很難改變。」牛爸愛說小牛總是一副牛脾氣，老是莫名其妙愛發怒。說真的，愈是這麼說，愈讓小牛理直氣壯地頂嘴回應：「沒錯，我就是牛脾氣，怎樣，改不了了。所以，就不要老是在一旁嘮叨，叫我這裡改，那裡改，囉嗦死了。」

牛爸對於孩子這一副硬脾氣頗不以為然。這時，他也拉高嗓門：「改不了，是真的改不了，我看你這樣的牛脾氣以後一定會吃悶虧，誰受得了你這副怪德性。」

「受不了就受不了，媽媽還不是受不了你的壞脾氣，還說我，你自己還不是一樣。」

「你這孩子真是的，什麼不學淨學些壞的。」

「壞的？還不是跟你學的，你還敢說。」

這時，只見父子倆劍拔弩張，各自發著牛脾氣，誰也不讓誰。「你們兩隻牛到底有完沒完，真的是五十步笑百步。都一樣啦！只是一隻是大牛，一隻是小牛，脾氣都牛啦！」這回，已經讓在一旁隱忍的小牛媽再也把持不住，開始叨念起來。

只是小牛媽深感困惑。「真的改不了牛脾氣嗎？」「不是常有人在說什麼情緒管理？難道遇到牛就沒轍了？」想到這裡，小牛媽搖搖頭，嘆了一口氣。

「難道就這麼認命，讓這對父子牛一輩子？我可受不了。」只是小牛媽一時也不知該如何是好。「要讓老公這個牛脾氣改變，還真的不容易。」「不過大人如果沒有先做到，又怎麼要求孩子改呢？」

小牛媽想起前一陣子牛爸的牢騷。「拜託，我都什麼年紀了，還要我改變什麼脾氣。反正我就是這副模樣，沒什麼好改的。」話也沒錯，牛爸的拗是出了名的。「可是難道就這麼沒彈性嗎？」說到沒彈性，牛媽發現牛爸的個性還真的是僵到難以改變。「可是這小牛爸畢竟年紀大了，牛脾氣還情有可原，但小牛還是個孩子，總有改的機會吧？」

牛媽在一次的演講場合聽過一句話：「情緒管理是一輩子的事」，想到這裡，又燃起牛媽的鬥志，一定有讓父子兩人脾氣更柔軟的方式。

問題解決祕訣指南

祕訣170

情緒管理，越早開始越好

有些事，現在不做，以後真的就很難做了。請特別提醒自己，當孩子年紀小的時候，在情緒管理的學習上，是很關鍵的一個階段。請特別珍惜學齡前的時光，演講中我常常會和聽眾分享，幼兒園階段其實是孩子接受情緒管理最有效的時候。

祕訣171 培養對「少」的覺察

現今的親子相處時間縮短了，父母與孩子的共同經驗也減少了，當然，彼此互動的頻率也降低了。同樣地，父母與孩子的對話自然也日漸貧乏，彼此交換想法的機會也減少了。

而當父母不太表露自己的情緒時，同樣地，可以想像孩子的情緒覺察能力也削弱了。這時你會發現，親子之間的情緒管理能力少了覺察、轉念與行動，也就可想而知，會是什麼樣的情況。

祕訣172 給自己改變的動力

想要讓自己愉快的心情能夠像不斷電系統般，有比較久的續航力，孩子適時的自我覺察及檢視自己的想法，就變得很重要。當然，也包括能夠隨時運用一些熟悉的減壓與紓壓技巧，讓自己能夠隨時歸零或調整至水平線，降低自己心力的耗竭。

所謂的情緒管理，最終還是要熟悉自己、認識自己，甚至讓自己對於所面對的壓力，有更多的把握。有些人喜歡或期待自己能維持在平靜狀態，因為平靜能讓人感覺到低耗能。

留意常犯的問題

①父母只是說，卻不動手做。

②父母的情緒控制可能更弱於孩子。

③父母不善於自我表露，所以孩子也有樣學樣選擇不說。

④父母不習慣於自我覺察，當然孩子也不清楚自己的情緒到底是什麼模樣。

⑤父母與子女之間很少共同的經驗，所以孩子也很難加以仿效。

祕訣 174

製造共同經驗

我們真的需要與孩子擁有一些共同的經驗。這些經驗可以讓我們和孩子在問題的解決與執行上，有一些身體力行的體驗。有時，孩子會從我們的身教看見我們面對情緒的方式，也會看見我們的問題解決模式。請仔細想想，我們自己紓解壓力時，也有良好的習慣嗎？其實孩子會仔細去留意大人的生活模式，大人先做到了，孩子就會信服。

祕訣 175

微笑進家門

我們常會發現一個現象，每到放學或下班時間，孩子或大人總是容易帶著疲憊的身心，板著臉孔，懷著一整天積鬱的負向情緒回到家門口。

「嗯，幹嘛放學回來就板著一張臭臉，我是欠你是不是？」媽媽眉頭深鎖，汗流浹背，在一陣打掃、準備晚餐後，也拉起嗓門對著孩子說教。不久，下班回來後的先生也是一樣，門一推開，公事包往沙發一丟，僵著臉、帶著鬱悶的神情往房間裡去，負向能量總是在這時刻瀰漫開來。

或許試著改變一下，每個人在放學、下班回到家的那一刻，是否能夠自我覺察，微調一下表情再回家？

「媽媽，我今天放學後能不能晚半個小時再回家。我和阿進和小維想留在學校籃球場和三班的比賽鬥牛，可不可以？」說真的，當孩子能夠事先主動告知，在時間與安全的允許下，轉移一下情緒再回家，會是很好的一件事，讓負向的積鬱情緒留在家門外，其實是相當健康的。

問題二十七
孩子動不動就哭怎麼辦？

「拜託，你不要再哭了，行不行？都已經三年級了，動不動就哭。別忘了，你還是男生耶，不會羞羞臉嗎？」阿村媽有些不以為然地說著，但阿村還是不為所動，繼續掉著眼淚，而且啜泣聲愈來愈明顯。

「小朋友，你也幫幫忙好不好，這裡可是公共場所耶，如果你還是要這麼哭，不然我們乾脆回家好了。」在丹提咖啡裡，阿村媽開始有些不耐煩，決定啟動她的驅逐令。「這還得了，在家裡動不動就哭，來到外面也這樣。」

「回家好了，我們回家好了。反正在這裡，你也在鬧脾氣，不願意繼續寫，我們回家寫好了，真是難侍候。」阿村媽起身，作勢開始收拾桌上的餐盤，這時，一旁的阿村繼續邊哭邊喊著：「我要吃蜂蜜鬆餅啦！媽媽，我現在不要回去，我要吃蜂蜜鬆餅啦！」

「你要吃不會用說的喲，拜託都幾歲了，男生耶！真是誇張，老是用這一套，下次在家寫功課就好了，帶你來丹堤還這麼囉嗦，真是太好命了。」「你給我把眼淚擦乾，去洗把臉。」

「我要吃蜂蜜鬆餅啦！媽媽，我要吃蜂蜜鬆餅再回家啦！」阿村仍然不死心地向媽媽要求著。「聽到沒？給我把眼淚擦乾，先去洗把臉再說，不要跟我談條件，真的不像話。」這回阿村媽是吃了秤砣鐵了心，決定無論如何絕不妥協。「我已經受不了你這動不動就哭的德性了！」阿村媽口中嘀咕著。

阿村爸老是向阿村媽抱怨：「這阿村前輩子是不是水做的？怎麼動不動就像個姑娘一樣愛哭？」說真的，阿村媽也為這件事情煩惱著。不只阿村爸老在說，班上的導師也動不動就在聯絡簿上寫說：「媽媽，阿村到底是怎麼了，每次遇到事情就只會杵在原地一直掉眼淚、一直哭。」阿村媽知道孩子的行為表現和班上同學比較起來，真的是幼稚許多，雖然阿村長得還挺高大的。但無奈的是，阿村媽自己對孩子的愛哭也是沒轍。

問題解決祕訣指南

祕訣176

分辨孩子的哭泣

哭可以說是孩子最初的情緒表達方式。但對於哭泣這個行為，我們可以用幾個不同的思考點來看待：一種是把它當成孩子情緒的紓解及宣洩管道，一種是把哭作為一種達到目的的手段，一種是讓我們看到孩子在問題解決上缺乏適當的解決能力，反映出孩子不知道自己接下來該怎麼做判斷。想一想，家裡孩子的哭是傾向於哪一種呢？

祕訣177

該哭就哭

有時父母很希望孩子能好好地說，不要動不動就哭。但是期待孩子不要哭，必須先能夠接納孩子可以哭這件事。請記得，哭是孩子非常自然的情緒反應，無論是女孩，還是男孩。

父母應關注的是，孩子是否容易哭一哭就哭出問題，或是否哭了之後問題更難解決。特別是有時候在同儕面前不斷地用哭表達情緒，多少也會讓對方覺得自己怎麼那麼脆弱、抗壓力怎麼那麼差。

孩子一定可以哭，孩子也應該要哭，如果哭符合當下情緒反應的話。哭作為一種自然的情緒流露，是需要被接受的，當然男孩也不例外。其實父母需要注意的是，當哭變成一種手段，或當哭反映出孩子對問題或困境的不知所措時，該怎麼辦？

祕訣178

當孩子哭得收放自如

我常常在演講中提醒父母，如何分辨孩子的哭是一種為達目的的手段？這時，可從孩子的哭是否能夠收放自如來判斷。

一般而言，當哭是一種表達情緒的反應時，孩子在情感的收放上，比較不那麼容易乾淨俐落。例如有些有分離焦慮的孩子，當主要照顧者像是媽媽、阿嬤等離開自己的視線時，孩子很容易因為缺乏安全感及信任感而焦慮，因此放聲大哭。這時，縱使媽媽或阿嬤選擇陪伴在一旁，孩子的情緒以及哭的反應仍然需要一些時間才能漸漸平復。

但孩子若是為了拒絕做某事，或是向你索求某些東西而哭時，你一旦妥協了，孩子的哭就馬上停止，那麼，以哭為手段的機率就很高。因為在這當中，你會發現孩子能夠控制自己哭不哭這件事。

祕訣179　面對哭，不輕易妥協

這時，你的堅持就變得相當重要。也就是說，這回要挑戰的是你對於哭的忍受與能耐。你是否能夠面對孩子的嚎啕大哭仍不為所動？這包括了沒有太多的言語嘮叨或囉嗦。當孩子總是在我們面前以哭作為回應，我們可以思考的是，過去孩子選擇用哭來表示時，我們通常如何回應他哭這件事。

如果哭是一種手段，且總是反覆發生，或許也在暗示我們，過去我們對於孩子哭的回應，在處理的方式上，需要再做積極的調整。畢竟這樣的現象多少也暗示了孩子哭是有效的，至少在我們面前的確有效。請想想看，自己會不會很容易面對孩子的哭就選擇妥協？

除非孩子無法放聲大哭或長時間的哭，例如哭得臉色發紫、哭得上氣不接下氣，否則孩子能哭多少也反映了孩子具備好的活力與能量，因為哭泣是需要一些力氣的。

但重點在於，要讓孩子了解，哭在這個時候真的沒有什麼作用。當哭沒用了、無法得逞了，哭也就被削弱了。

但如果哭泣能讓孩子得償所願，你就可以預期哭泣再出現的頻率相當高。因為它有效，因為哭了之後，你可以幫孩子完成他所面對的困境。

秘訣180

協助孩子不哭

如果哭泣一直沒辦法讓孩子解決眼前的困境，這時我們便該伸出援手，協助孩子想想看，是否有其他更有效的方式來因應。光是告訴孩子不要哭，其實並沒有教導孩子如何解決問題。

這時，除了繼續練就一番不受孩子哭鬧影響的淡定態度之外，或許更積極的做法是，引導孩子以更正向的方式來解決問題，也就是為哭找到另一個替代的、合理的表達方式。

你可以想想看，如果不想讓孩子用哭來反映，那麼我們期待孩子用什麼方式來表達？當然這些問題解決方式需要在平時就由我們來引導與示範，孩子才有辦法在面對問題時，以較為適當的方式回應。

例如以口語清楚地表達自己的需求，或是說服父母如何應允自己所不想要做的事，或期待想要做的事。

孩子以前在拿不到東西時，總是容易以哭來表示。這時較為適當的表達，可以是「媽媽可不可以幫我拿架子上的玩具，太高了，我拿不到」。當然更適當的方式，是讓孩子自己拿個椅子墊高，在安全的前提下，親自動手拿。

問題二十八

孩子常常抱怨無聊怎麼辦？

「好無聊喔！都不知道可以做什麼？」小壁嘆口氣，兩眼無神地望著窗外，煩躁的情緒如影隨形。「唉呦！到底要幹嘛啦！好無聊、好無聊，不能玩電腦還能幹嘛啦！」

在小壁的想法裡，電腦及線上遊戲是他自認最能紓解壓力的方式之一，或者說是他的唯一。他不知道除了電腦之外，在擁有這麼多時間的情況下，他還能做什麼？空檔時間愈久，自己愈感煩躁。

但是，說真的，小壁也一直有個疑惑，玩了電腦及線上遊戲之後，除了眼睛好痠，雙手好麻，自己感到好累之外，似乎也沒有輕鬆到什麼，雖然玩的時候還挺刺激的。

「真的、真的好無聊喔！到底能幹嘛？」在這個星期六的午後，寫完功課的小壁再次感到沒事可做，一副無精打采的模樣，繼續望著窗外抱怨呆坐。

「你這孩子也真是的，給你時間自由運用，竟然還給我發牢騷。這麼無聊，不然去拿拖把來拖地好了？」小壁媽不以為然地數落著他。「你看你，果然電腦不是什麼好東西，你還真的像著魔一樣，沒電腦就像沒元氣，這樣以後還得了。」

「我看你真的和你老爸一樣，成天只會在那手機上滑、滑、滑，都沒有什麼正經事可做。唉呦，有其父必有其子，果然真是同個模子刻出來的。」但是小壁媽自己也感到有些心虛，因為她發現自己除了成天整理、打掃之外，似乎也沒什麼好的休閒娛樂。

「小壁你不要成天都掛在電腦前面好不好？去做一點別的事情嘛！眼睛老是盯著電腦，這還得了。」

「我就是不知道做什麼嘛！現在又沒事做，好無聊，而且玩電腦可以讓我放鬆啊！」小壁自認有理地對著媽媽說道。

「放鬆？我看你整個人都已經鬆掉了。我就不相信除了電腦沒有別的事情可以做。」

「不然，我可以做什麼？」突然被孩子這麼一問，小壁媽一時語塞，說不出話來。停頓了一下，小壁媽像是發現新大陸般地告訴他：「那你可以去看書啊！既然你這麼閒著沒事做。」

「喔！拜託，還看書勒？你只會叫我看書，還會叫我做什麼？真是無聊死了。」其實媽媽發現，小壁常常在使用電腦及玩線上遊戲之後，整個人呈現出虛脫的狀況。說是放鬆，但其實並沒有，反而讓他變得更浮躁、更焦慮，只是長期以來，小壁除了在學校、家裡，不然就是在安親班這三個地點移動外，哪兒也沒得去。

媽媽知道小壁長時間花在電腦上，說是輕鬆，其實玩下來之後，卻總是虛脫的，連體力也耗竭了，當然，接下來許多該做的正經事，大概也沒辦法繼續做了。

小壁其實也很清楚，只是自己不太願意去面對。逃避當下該做的事，將時間耗費在線上遊戲，往往讓自己感到壓力從雙面夾擊，並因而焦慮。媽媽也發現他看似放鬆的表象，其實內心還是潛藏著說不出的焦慮，一種不願意面對挫折挑戰或該做的事的焦慮。

紓解壓力的方式林林總總，建議在使用及執行上，先試著以孩子的生活為圓心，再逐漸向外延伸，尋找及開啟自己情緒管理的行動力。

問題解決祕訣指南

祕訣181 預防無所事事
祕訣182 電玩解壓？
祕訣183 製造起床好心情

祕訣184 計畫起床後第一件想做的事
祕訣185 起床請開窗
祕訣186 親手灌溉盆栽
祕訣187 發現散步上學趣
祕訣188 問題解決工具箱
祕訣189 把問題當成選擇題
祕訣190 一步一腳印
祕訣191 觀察、仿效、養成習慣
祕訣192 能動是福氣
祕訣193 給自己一個驚喜

祕訣181 預防無所事事

請記得，有時候，無所事事對孩子來說，也容易帶來莫名的焦慮。孩子為了緩和這說不出來的焦慮，而選擇自認為可以放鬆的活動，例如電玩或線上遊戲便常常是首選。對於許多兒童青少年來說，他們總認為流連在線上遊戲上，便是一種放鬆與紓壓的方式，但結果似乎常常事與願違。找一些事給孩子做吧！如果孩子常常告訴你：「不知道要做什麼。」這時，就直接叫他去做什麼吧！請記得，孩子沒事做，父母就需要做更多的事。

祕訣182 電玩解壓？

面對電玩或線上遊戲，其實並不能以二分法來選擇或判斷好壞，而是要拿捏這些活動所花費的時間及心思。孩子之所以讓父母擔心，主要是因為很難有效地拿捏這些活動的時間。面對聲光刺激，自我控制相對薄弱，或者可以說是招架不住，而耽溺沉迷其中。「我不是在網路上，就是在往網咖的路上。」這句話道盡了孩子在日常生活中，缺乏紓解其他壓力的方式。想想除了電玩或線上遊戲，孩子還有哪些解壓的活動？如果沒有，就幫他製造一下吧！

祕訣183 製造起床好心情

想像一下，孩子是如何起床的。是睡覺睡到自然醒？還是被優雅的輕音樂或窗外的鳥鳴聲喚醒？是機械式的手機鬧鈴聲，還是你的破口大罵聲？可以想像的是，被不同的音樂或聲音喚醒，對於孩子一天的情緒開啟會有很大的差異。

一起與孩子找到能讓自己愉悅起床的聲音，至少不是老被嚇到跳起來。以常見的手機鈴聲為例，孩子是習慣馬林巴琴、吉他和弦、廷巴舞曲、狗吠聲、門鈴聲、鴨叫聲、蟋蟀聲、警報器或藍調音樂？這沒有標準答案，但仔細搜尋，一定能夠找到適合孩子的起床音樂聲。

祕訣184 計畫起床後第一件想做的事

你可以和孩子在前一晚睡覺前想想隔日起床後，第一件想做的事情是什麼。而這件事情往往能夠為自己帶來愉悅的好心情。先預設好，強化自己的行動力。如果孩子一時不知道，就和他一起討論列舉吧！

祕訣185 起床請開窗

開窗，讓陽光灑落在房間裡，或聆聽清晨窗外的雨滴聲，或望著落地窗外陽台盆栽裡的花花草草，伸個懶腰。每個人打開窗戶所見的景象或許不盡相同，但試著在晨起時，透過開窗的情緒轉換，或專注凝視身旁的小物，也是一種紓解壓力的好方式。

祕訣 186

親手灌溉盆栽

有時，一個小小的動作，例如幫陽台或花台上的盆栽植物澆澆水，修剪一些枝葉，翻一翻土，其實對孩子來說，也是一種運用零碎時間，卻能透過「綠意」帶來情緒紓解的方式。

祕訣 187

發現散步上學趣

散步時，可以練習調整自己的步伐與呼吸，靜下心來，也能練習聆聽自己的心跳與脈搏聲。如果時間允許、天候無虞，在安全範圍內，試著多讓孩子就近散步上學去，不然徒步走到站牌或捷運站也行。當然，自行車代步也可以。只要能夠讓自己動起來，轉換情緒便可。

祕訣 188

問題解決工具箱

在情緒管理的培養上，孩子要能夠發展出有效的問題解決策略，先備條件是在腦海裡優先設置一個問題解決策略的工具箱。在工具箱裡，裝載著許許多多的問題解決策略。每個策略就如同每件修理情緒的工具，有十字、有一字、有螺旋、有扁嘴、有老虎起子或榔頭等。

平時孩子就需要多將這些工具在腦海裡拿出來上油、擦拭、演練，以便在問題出現時派上用場。有好的工具，好的策略，可以讓情緒紓解，也能加強情緒管理的功力。

祕訣 189

把問題當成選擇題

問題解決有時如同一道選擇題，要在孩子既存的策略中，練習判斷及選擇適當的解決方法。讓孩子知道，當方法一無效時，或許可以試試方法二，依此類推，從中找出最有效與最佳的解決方式。

祕訣 190

一步一腳印

讓孩子試著將自己曾經執行過的方式記錄下來——無論是用文字、影像或照片。孩子可以透過視覺來肯定自己曾經有過的努力，這個練習對孩子的好處是在於，讓他能更有自信地看待自己解決問題的能力。

祕訣 191

觀察、仿效、養成習慣

如果你真的不知道孩子除了看書、打怪之外，還可以做哪些讓自己放鬆的事情，或許你可以一起與孩子試試，去觀察與自己年齡相仿的孩子大部分在從事哪些活動。

這些活動的選擇有幾個重點，至少不能對自己帶來一些不可逆的危害，或不適當的習慣養成，當然，也不能夠違反社會規範。雖然大家興趣不同，也不見得一定要仿效他人，但我們可以想想看，同一時間，有的孩子選擇與同學在籃球場上鬥牛，有的騎自行車親子漫遊，有的圍在桌遊前腦力激盪，有的選擇欣賞影片，當然也有人長時間在電腦螢幕前流連。

情緒管理的行動力是一種選擇，也是一種良好習慣的養成。讓孩子能夠適時地轉換情緒，紓解情緒，維持在一個穩定平衡的身心狀況。

祕訣 192

能動是福氣

這是我一直以來的想法，能動，多少也反映自己仍然有活力、有元氣。這就如同能夠走樓梯就先不搭電梯，除非手上真的提著許多重物不便上下樓，否則動一動讓筋骨疏通，也能讓心情紓解。試著也讓孩子一起動吧！

祕訣 193

給自己一個驚喜

試著和孩子一起在平時給自己一個驚喜，或者來點新鮮事。有時，光是透過新鮮的事情，就能讓自己有新的感受，轉換一下新的思緒。例如和孩子走不同的路線回家、點不同的餐點、看以前從來沒有想過的電影或故事，甚至於簡單地從泡澡改成淋浴，只要是生活上細微的改變都可以。

問題二十九
如何讓孩子上課有好心情？

「喂！死美燕，你剛剛為什麼要亂動我的抽屜！」阿強對著一旁的施美燕拉高嗓門吼著。「我又沒有碰你的抽屜，幹嘛對我大聲？」「對啊！阿強，你幹嘛老愛欺負美燕？你有什麼證據？」小青打抱不平地說著。

「你們還在吵什麼吵？上課鐘響了，沒聽到，是不是？」熊老師用拳頭重重地敲打著黑板。「誰叫她亂動我的東西！」阿強伸長右手指著一旁的美燕辯著。「我哪有？你亂說！」美燕邊哭邊反駁。

「你們到底有完沒完？現在應該要做什麼？」「美燕，站起來，去跟阿強說對不起。」「我又沒有動他的抽屜，為什麼要跟他說對不起！」美燕激動地問著。「對啊！老師這不公平，你都沒有問清楚就認為是美燕的錯，為什麼你每次都只聽阿強亂說話。」此時，阿強撇過頭，彎起左手在胸前一揮，作勢要打小青。

「統統給我安靜，聽到沒！我再說一次，不要再吵了，聽到沒！」熊老師鼓脹著臉，雙手扠著腰，眼睛怒視著掃過教室每個角落，及座位上的每張臉孔。強硬的語氣及突然放大的音量，讓美燕心裡更加感到委屈。

說真的，面對整個班級，總是在上課鐘響後，還是吵吵鬧鬧，讓熊老師每回上課也和小朋友一樣充滿著火氣、浮躁與不悅。「為什麼這些小蘿蔔頭老是吵翻天？上課總是毛毛躁躁？」一想到這裡，熊老師除了無奈，也像洩了氣的皮球般沮喪無力。

這是一場關於班級經營的藝術與腦力激盪。如何運用上課鐘響後的三分鐘，透過一些活動設計與安排，讓小朋友在隨之而來的課堂上，能夠轉換好心情進行學習。我想，這是可以值得嘗試的好主意。

動手執行吧！一起讓孩子們帶著快樂、愉悅、平穩的好心情，順利搭上這班太魯閣或普悠瑪列車，走向一堂接一堂的歡樂學習之旅。

問題解決祕訣指南

祕訣194　多照鏡子多微笑
祕訣195　來一首片頭主題曲
祕訣196　凝視一幅畫的神奇效果
祕訣197　盡情享受黑板塗鴉
祕訣198　用喜劇開場
祕訣199　扮鬼臉
祕訣200　屁屁體操
祕訣201　腦海漫遊
祕訣202　嗅聞花香
祕訣203　安定情緒，握在手心
祕訣204　寫下一句好話
祕訣205　讓孩子有事做
祕訣206　吶喊式抒發
祕訣207　尋找寧靜的時光
祕訣208　天馬行空的書寫翱翔
祕訣209　笑是最佳的良藥

祕訣194

多照鏡子多微笑

「小朋友，現在拿起你的鏡子，請對著鏡子裡的自己來一個微笑！」讓孩子在上課鐘響後，例行性地對著鏡子裡陌生的自己發出一個微笑。這個步驟，可以先嘗試進行幾回合，讓孩子先透過鏡中的自己，練習覺察自己的臉部表情是否能夠放鬆、嘴角是否愉悅地上揚。

讓孩子在一次又一次的對鏡微笑練習中，慢慢學會覺察及掌握自己的表情。隨後，可以試著收起鏡子。當你對著全班的孩子微笑，也讓他們很自然地微笑回應你。讓微笑化作每一堂課的快樂鑰匙。今天，你微笑了嗎？

祕訣195

來一首片頭主題曲

上課鐘響後，請來一段屬於這堂課的片頭主題曲。你可以選擇輕快優雅的旋律。讓孩子閉上雙眼，張開雙耳，聆聽這段約二至三分鐘的曼妙節奏。為了讓小朋友有參與感，你也可以事先讓孩子以分組的方式，選出自己喜歡的音樂，再輪流播放，作為開始上課的序曲。

祕訣196

凝視一幅畫的神奇效果

讓一幅畫開啟每堂課的序章。你可以選擇任何欣賞的畫家與作品，無論是莫內或畢卡索，林布蘭或米勒，梵谷或夏卡爾。透過畫，讓孩子在凝視的過程中，經由專注，讓心情轉趨平靜，消弭浮躁的情緒。除了畫，其他任何大自然的風景都可以。

祕訣 197 盡情享受黑板塗鴉

開放講台上的黑板吧！讓小朋友在兩三分鐘內，恣意地在黑板上天馬行空地塗鴉。每節正式上課前，可以採取輪流的方式，讓兩三位孩子上台盡情揮灑。讓黑板從書寫生字、運算數學，及值日生的工作中解禁。讓黑板上的塗鴉，在短暫呈現擦拭後，隨即展開自由的心情。

祕訣 198 用喜劇開場

孩子總是喜歡聽笑話，試著讓自己以幽默來開場，事先準備一些笑話或故事。讓對課程內容感到生冷的小朋友，先以笑話加溫學習的心情，用笑聲開啟每一堂課。自己的笑話少了嗎？那就讓孩子也一起來參與。有時，你會發現小朋友聽過的笑話，比我們大人準備的更讓人想笑。

秘訣 199

扮鬼臉

這是一場小小的比賽。每堂課由幾位小朋友參賽，走上台，輪流或同步擠眉弄眼。誰輸？誰贏？都不是重點。反而是藉由一張張讓人發笑、逗趣的表情，引發短暫的歡笑聲，以便換來滿滿的好心情。

秘訣 200

屁屁體操

「大家集合吧！屁屁體操的時間到了喔！屁屁體操～喔！拿出元氣吧！發出很棒的聲音吧！DO RE MI FA PU PU PU哇～」嗯，上課鐘響後，先來跳一段有意思的體操吧！當然，屁屁體操只是其中一個例子。動動身體的時間不用很長，只要來一小段，小朋友通常可以滿足地笑開懷。

秘訣 201

腦海漫遊

建議透過影片，例如先讓孩子觀賞烏龜的慢慢爬、蛇的緩緩滑行，或獨角仙的移動身影，隨後閉起眼睛，試著在自己的腦海裡播放。透過想像，集中注意力在腦海裡這些烏龜、蛇或獨角仙的漫遊。緩慢的動作，讓孩子浮躁的心情也轉趨於平穩。

祕訣202

嗅聞花香

讓孩子閉起眼睛，藉由你的走動，把事先準備的花朵湊近小朋友的鼻前，讓孩子們仔細嗅聞這花所傳遞出的香味。無論是玫瑰、茉莉、菊花、夜來香、牡丹、桂花、蘭花或茶花等。讓孩子透過對花香的專注，平穩浮躁的心情。

祕訣203

安定情緒，握在手心

讓小朋友閉上眼睛，雙手緊握拳頭。引導孩子想像手中所握住的物品，無論是媽媽溫暖的手、扎實的小石頭，或腳踏車的把手。轉移注意力到自己的手掌心與物的關係，慢慢練習讓心靈平靜。

祕訣204

寫下一句好話

上課鐘響，好話開鑼。運用短短三分鐘，讓小朋友拿起事先準備好的筆與小紙條。輕輕地在紙上寫下給自己或給好朋友的一句話——一句能夠帶來正向能量的好話。隨後，老師再從中選取幾句話，請小朋友大聲朗讀，讓教室裡充滿正向能量。

祕訣205 讓孩子有事做

請記得，讓孩子有事做，別老是玩電腦或線上遊戲，讓孩子動起來，減少無所事事、發呆、不曉得能夠幹嘛的時光。通常有事做，比較沒有時間去煩惱。但也請記得，這些事不要只是寫功課、做評量等等。

祕訣206 吶喊式抒發

如同挪威畫家愛德華・孟克的經典作品《吶喊》，或許平時在引導孩子練習情緒的紓解或宣洩上，也可以試著讓自己來一段吶喊。使盡力量，張大嘴巴，將心中所鬱積的情緒，透過吶喊傾洩出來。無論你是對著海邊、對著山谷，或空蕩蕩的廣場，只要不擾人就行。

祕訣207 尋找寧靜的時光

你和孩子是否有著一段屬於自己獨處的片刻時光？在這段時間裡，沒有任何刺激的干擾。讓彼此選擇一些時刻，也許五分鐘、或許十分鐘，讓孩子與自己在這段時光中感受那種片刻的寧靜——沒有明顯情緒起伏的寧靜。

祕訣 208

天馬行空的書寫翱翔

引導孩子動動筆，沒有主題沒有範圍，甚至於不管什麼標點符號。讓孩子練習面對眼前的紙張，開始動筆揮灑，想寫什麼就寫什麼，讓思緒能夠自由自在地飛揚。孩子書寫的文字，不一定要給你看，除非他主動分享。讓孩子練習感受在書寫前後，自己的情緒反應，特別是在書寫後，是否感到紓解舒暢。

祕訣 209

笑是最佳的良藥

你的孩子常笑嗎？你的孩子有多久沒笑了？我想「笑」，特別是能夠盡情地、無拘無束地開懷大笑，就如讓心情來一場舒適的沐浴那般。笑，真的是維持好心情的最佳良藥。讓自己最感深刻的是，有一回帶著孩子前往宜蘭演藝廳，觀賞屏風表演班《三人行不行》二〇一三環島接力笑的演出。過程中，演員們詼諧、逗趣、誇張的聲音表情與肢體動作，讓一旁讀國小的姐姐與弟弟笑到彎下腰來。這畫面，真的讓人覺得是一種大大的滿足。試著與你的孩子一起找找能夠讓彼此樂開懷的表演或影片吧！

國家圖書館預行編目資料

誰讓孩子變成失控小惡魔？——從情緒管理開始，教出講理好孩子／王意中著. --初版. --臺北市:寶瓶文化, 2013. 9
面； 公分. --(catcher ; 58)
ISBN 978-986-5896-42-3（平裝）
1. 親職教育 2. 子女教育 3. 情緒管理

528.2 102017714

catcher 058

誰讓孩子變成失控小惡魔？

——從情緒管理開始，教出講理好孩子

作者／王意中

發行人／張寶琴
社長兼總編輯／朱亞君
副總編輯／張純玲
資深編輯／丁慧瑋　編輯／林婕伃
美術主編／林慧雯
校對／賴逸娟・呂佳真・陳佩伶・王意中
營銷部主任／林歆婕　業務專員／林裕翔　企劃專員／李祉萱
財務／莊玉萍
出版者／寶瓶文化事業股份有限公司
地址／台北市110信義區基隆路一段180號8樓
電話／(02) 27494988　傳真／(02) 27495072
郵政劃撥／19446403　寶瓶文化事業股份有限公司
印刷廠／世和印製企業有限公司
總經銷／大和書報圖書股份有限公司　電話／(02) 89902588
地址／新北市新莊區五工五路2號　傳真／(02) 22997900
E-mail／aquarius@udngroup.com

著作完成日期／二〇一三年七月
初版一刷日期／二〇一三年九月十三日
初版六刷+日期／二〇二三年五月二十五日
ISBN／978-986-5896-42-3
定價／三〇〇元

愛書人卡

感謝您熱心的為我們填寫，
對您的意見，我們會認真的加以參考，
希望寶瓶文化推出的每一本書，都能得到您的肯定與永遠的支持。

系列：Catcher 058　**書名：誰讓孩子變成失控小惡魔？——從情緒管理開始，教出講理好孩子**

1. 姓名：＿＿＿＿＿＿＿＿　性別：□男　□女
2. 生日：＿＿＿年＿＿＿月＿＿＿日
3. 教育程度：□大學以上　□大學　□專科　□高中、高職　□高中職以下
4. 職業：＿＿＿＿＿＿＿＿
5. 聯絡地址：＿＿＿＿＿＿＿＿＿＿＿＿＿＿＿＿＿＿＿＿

   聯絡電話：＿＿＿＿＿＿＿＿　手機：＿＿＿＿＿＿＿＿
6. E-mail信箱：＿＿＿＿＿＿＿＿＿＿＿＿＿＿＿＿

   □同意　□不同意　免費獲得寶瓶文化叢書訊息
7. 購買日期：＿＿＿ 年 ＿＿＿ 月 ＿＿＿日
8. 您得知本書的管道：□報紙／雜誌　□電視／電台　□親友介紹　□逛書店　□網路

   □傳單／海報　□廣告　□其他
9. 您在哪裡買到本書：□書店，店名＿＿＿＿＿＿　□劃撥　□現場活動　□贈書

   □網路購書，網站名稱：＿＿＿＿＿＿＿　□其他＿＿＿＿＿＿
10. 對本書的建議：（請填代號　1. 滿意　2. 尚可　3. 再改進，請提供意見）

    內容：＿＿＿＿＿＿＿＿＿＿＿＿

    封面：＿＿＿＿＿＿＿＿＿＿＿＿

    編排：＿＿＿＿＿＿＿＿＿＿＿＿

    其他：＿＿＿＿＿＿＿＿＿＿＿＿

    綜合意見：＿＿＿＿＿＿＿＿＿＿＿＿＿＿＿＿＿＿＿＿＿＿＿＿
11. 希望我們未來出版哪一類的書籍：＿＿＿＿＿＿＿＿＿＿＿＿＿＿＿＿

讓文字與書寫的聲音大鳴大放

寶瓶文化事業股份有限公司

（請沿此虛線剪下）

廣　告　回　函
北區郵政管理局登記
證北台字15345號
免貼郵票

寶瓶文化事業股份有限公司　　收

110台北市信義區基隆路一段180號8樓

8F,180 KEELUNG RD.,SEC.1,

TAIPEI.(110)TAIWAN R.O.C.

（請沿虛線對折後寄回，謝謝）